역사

HISTORY: A Very Short Introduction, First edition

Copyright © 2000 by Oxford University Press, Inc.

HISTORY was originally published in English in 2000.
This translation is published by arrangement with Oxford University Press.
Korean translation copyright © 2015 by GYOYUDANG Publishers
Korean translation rights arranged with Oxford University Press through EYA Co.,Ltd.

이 책의 한국어판 저작권은 EYA를 통해
Oxford University Press사와 독점계약한 (주)교유당에 있습니다.
저작권법에 의하여 한국 내에서 보호를 받는 저작물이므로 무단전재 및 복제를 금합니다.

첫단추 시리즈
002

역사

존 H. 아널드 지음
이재만 옮김

교유서가

일러두기
본문 중의 ( )는 모두 옮긴이 주(註)이며, 원문 인용에서 저자가 덧붙인 설명은 ( )로 표시하고 '저자주'라고 밝혔다.

서문

'역사'라는 주제 일반에 관해 쓸 수 있는 책으로는 세 종류가 있을 것이다. 첫째는 역사를 연구하는 방법을 안내하는 책이다. 둘째는 역사학의 이론을 철학적으로 탐구하는 책이다. 마지막 셋째는 특정한 접근법을 지지하는 논쟁적인 책이다. 역사 입문서인 이 책은 세 종류의 서술을 조금씩 포함하지만 한 종류에 온전히 속한다고 말할 수는 없다. 전체적으로 보아 내가 의도한 것은 **열정**의 산물이다. 역사가 무엇이고 역사를 어떻게 연구하고 역사의 쓸모가 무엇인지에 대한 나의 견해가 여기에 담겨 있다. 그렇지만 나는 언제나 다른 길들도 있다는 것, 다른 논증들도 발견할 수 있다는 것을 보여주려 했다. 독자들이 이 책을 읽고 탐험을 계속하기로 마음먹기를 기대한다.

이 책은 대략 세 부분으로 나뉜다. 첫째 부분인 처음 세 장의 목표는 특정한 문제들을 제기하고, 독자들의 흥미를 끌고, (간단히 말해) 과거에 역사가 어떠했는지 기술하는 것이다. 제4장과 제5장에서는 역사를 '탐구'하기 시작하는 방법을 보여주려 한다. 한 가지 방법은 사료를 가지고 작업하는 것이고, 다른 방법은 해석에 관해 생각하는 것이다. 마지막으로 제6장과 제7장에서는 역사와 진실의 위상과 의미, 역사가 중요한 이유에 관한 견해를 몇 가지 제시한다.

출간에 앞서 많은 이들이 원고를 읽어주고 다양한 논제와 관련해 오류를 바로잡아주었다. 그들에게 큰 빚을 졌다. 특히 이스트앵글리어에서 신세계로의 이주에 관한 전문가로서 나에게 조지 버뎃(George Burdett: 1637년부터 1640년까지 뉴햄프셔 지방의 식민지 총독을 지낸 인물)의 자취를 쫓는 연구를 처음 제안한 바버라 매캘런(Barbara MacAllan)에게 고마움을 전한다. 그녀의 한없는 아량이 없었다면 제4장을 쓰지 못했을 것이다. 이 책 여기저기에 어리석은 점이 남아 있다면 온전히 나의 탓이다. 에드워드 액턴(Edward Acton), 캐서린 벤슨(Katherine Benson), 피터 빌러(Peter Biller), 스티븐 처치(Stephen Church), 셸리 콕스(Shelley Cox), 사이먼 크래브트리(Simon Crabtree), 리처드 크로킷(Richard Crockett), 제프 큐

빗(Geoff Cubitt), 사이먼 디치필드(Simon Ditchfield), 빅토리아 하월(Victoria Howell), 크리스 험프리(Chris Humphrey), 마크 나이츠(Mark Knights), 피터 마틴(Peter Martin), 사이먼 미들턴(Simon Middleton), 조지 밀러(George Miller), 캐럴 로클리프(Carol Rawcliffe), 앤디 우드(Andy Wood), 그리고 옥스퍼드 대학의 익명 독자들은 책임은 없지만 감사는 받아 마땅하다. 내게 역사를 가르쳐준 요크 대학의 역사학부와 중세연구소, 이스트앵글리어 대학의 역사학과와 영미연구학과의 교직원과 학생들에게도 고마움을 전한다. 마지막으로, 언제든 역사에 관해 기꺼이 논쟁하고 내가 틀렸다고 말해주신 아버지에게 가장 오랫동안 빚을 졌다.

차례

1. 살인과 역사에 관한 물음들 --------------------------- 011

2. 돌고래의 꼬리부터 정치의 탑까지 ------------------ 033

3. "그것은 실제로 어떠했는가"
   ― 진실, 문서고, 옛것에 대한 애정 ---------------- 063

4. 목소리와 침묵 -------------------------------------- 099

5. 천릿길의 여정 ------------------------------------- 133

6. 고양이 죽이기, 또는 과거는 낯선 나라인가? -------- 157

7. 진실 말하기 --------------------------------------- 185

· 참고문헌 209
· 더 읽을거리 213
· 역자 후기 218
· 도판 목록 226

제 1 장

살인과 역사에 관한 물음들

이건 진실한 이야기다. 1301년 길렘 드 로데는 피레네 산맥에 자리잡은 타라스콩 마을에서 프랑스 남부 도시 파미에를 향해 바삐 걸음을 옮겼다. 길렘은 파미에에 있는 도미니크회 수도원의 수도사인 동생 레몽을 만나러 가는 길이었다. 수도원까지는 아리에주 강의 협곡을 따라 족히 30킬로미터 거리였고 길렘은 걸어서 가는 중이었으므로 목적지에 닿기까지 적어도 하루는 걸릴 터였다. 그러나 길렘에게는 다급히 가야 할 이유가 있었다. 레몽이 그들 둘 다 심각한 위험에 처했음을 알리는 편지를 보냈기 때문이다. 길렘은 당장 출발해야 했다.

길렘이 파미에의 수도원에 도착하자 레몽은 놀라운 소식을 들려주었다. 레몽은 최근에 어떤 베갱(beguin, 공식 교단에 속하지 않은 일종의 유사 수도사)이 수도원을 방문했다고 말했다. 길렘 데장이라 불리는 그는 형제에게 진짜 위협을 가했다. 겉보기에 데장은 피레네 산맥의 몽타유 마을을 거점으로 활동하는 이단자 두 명—피에르 오티에와 길렘 오티에—을 도미니크회 수도사들이 붙잡을 수 있도록 도우려 했다. 데장은 그 이단자들에 대해 알고 있었는데, 산촌에서 그를 재워준 한 남자가 그가 이단 신앙에 동참하리라 생각하고 그에게 오티에 형제를 소개해주겠다고 제안한 적이 있었기 때문이다. 데장은 오티에 형제를 만나 그들의 신뢰를 얻었다. 이제 데장은 그들을 배신할 수 있었다.

그러나 레몽이 경악한 이유는 이단자들이 수도원 안에 첩자를 심어놓았다고 데장이 주장했기 때문이다. 이 첩자는 오티에 형제의 친구이자 자신의 평신도 형을 통해 이단자들과 연결되어 있다고 데장은 말했다. 데장이 말한 그 형은 바로 길렘 드 로데였고, 첩자는 레몽 드 로데였다. "이게 사실이야?" 혼비백산한 레몽이 물었다. "이단자들을 만났어?" "아냐. 그 베갱은 거짓말쟁이야." 길렘 드 로데는 말했다.

하지만 이것은 거짓말이었다. 길렘 드 로데는 1298년 봄에 이단자들을 처음 만났다. 길렘은 그들의 설교를 들었고, 그들에게 음식과 잠자리를 제공했으며, 실제로 그들과 관련이 있었다. 길렘은 그들과 3촌 사이였다. 오티에 형제는 아리에주 강 주변의 작은 마을들과 도시들에서 공증인으로 일하다가 길렘을 만나기 얼마 전에 롬바르디아 지방으로 돌아온 터였다. 롬바르디아에서 그들은 카타리 신앙으로 개종했는데, 이 신앙은 13세기에 프랑스 남부에서 유력했으나 최근 들어 종교재판관들의 감시 아래 자취를 감춘 터였다. 피에르와 길렘 오티에는 카타리주의의 부흥을 꾀했다.

카타리주의는 기독교 이단이었다. 카타리 신도들은 '선한 기독교도'를 자처했고, 자기네가 사도들의 사명을 진정으로 물려받았다고 믿었다. 또한 그들은 두 신, 즉 정신을 창조한 선한 신과 형체를 가진 모든 물질을 창조한 악한 신이 있다고 믿었다. 이런 '이원론' 신앙은 로마 가톨릭의 정통 신앙에 반하는 것이었다. 그러거나 말거나 카타리파는 로마 가톨릭교회가 부패했다고 믿었고, 가톨릭교회를 '바빌론의 창녀'라고 불렀다. 13세기 초만 해도 프랑스 남부에 카타리파가 수천 명 있었고 가톨릭교도보다 카타리교도가 훨씬 많았다. 그러나 14세기 초에 이르러 카타리교도는 고작 14명만 살아남아 대부분 피레네 산맥의 마을들로 숨어들었다. 그럼에도 정통 세력은 이단 신앙을 꺼렸다. 파미에의 도미니크회 수도사들이 오티에 형제를 붙잡을 기회를 호시탐탐 노리고 있던 것은 이런 이유 때문이었다. 길렘 대장이 로데 형제를 위협한 것도 같은 이유 때문이었다.

길렘 드 로데는 동생과 헤어져 피레네 산맥의 집으로 돌아갔다. 길렘은 (역시 타라스콩에서 30킬로미터 떨어진) 악스 마을로 가서 레몽 오티에(이단자들의 형제)에게 데장에 대해 경고했다. 그러고는 고향 마을로 돌아와 이웃한 퀴에 정착지에 사는 길렘 드 아레아라는 남자에게 역시 경고했다. 길렘 드 로데가 뒤이어 일어난 사건들을 촉발할 의도로 이런 경고를 한 것인지 우리는 알지 못한다.

길렘 드 아레아는 카타리파를 열렬히 지지하는 사람이었다. 그는 당장 베갱 데장을 찾아가 오티에 형제를 찾느냐고 물었다. 데장이 "그렇다"라고 말하자 길렘 드 아레아는 그를 오티에 형제에게 안내하겠다고 제안했다. 데장은 기쁜 마음에 별다른 의심 없이 그러자고 했다. 그들은 깊은 산중에 자리잡은 라르나 마을까지 동행했다. 길렘 드 로데가 들은 바로는, 베갱이 그날 늦은 밤에 라르나 바깥에 있는 다리에 도착하자 필리프 드 라르나와 피에르 드 아레아(길렘 드 아레아의 형제)가 나타났다. 그러고는 일이 벌어졌다.

그들은 즉시 그(데장)를 붙잡아 비명을 지르지 못하도록 때렸다. 그들은 그를 라르나 인근 산으로 끌고 가서 그가 이단자들을 잡으려 한다는 것이 사실이냐고 물었다. 그가 사실이라고 인정하자마자 필리프와 피에르는 커다란 절벽에서 크레바스로 그를 내던

졌다.

이 살인은 오랫동안 비밀에 부쳐졌다. 길렘 드 로데와 레몽 드 로데, 오티에 형제는 한동안 무사했다.

오랫동안 잊었던 이 살인을 우리는 어떻게 이해해야 할까? 이 사건은 길렘 드 로데가 자신이 아는 이단과 이단자들에 대해 털어놓은 1308년 종교재판 기록부에 기록되었다. 다른 증인 세 명도 같은 내용을 되풀이해 말했다. 길렘은 카타리파와 접촉했다는 이유로 다른 60명과 함께 수감형을 선고받았다. 사소한 사건처럼 보이지만 음침하고 매혹적인 이 짤막한 이야기는 14세기부터 살아남아 우리에게 전해졌다. 그렇다면 이것은 '역사'다. 다시 말해 오래전에 일어났고 오늘날 우리가 되풀이해 말하는 어떤 일에 관한 진실한 이야기다. 과거가 다시 한번 살아나고 과거와 현재의 불평등한 만남이 다시 이루어진다. 이렇게 해서 역사가는 임무를 면제받고 이 간결한 역사 입문서는 여기서 끝나는 걸까?

우리의 여정을 그렇게 빨리 끝내지는 말자. 길렘 데장 살인 사건을 둘러싼 물음들이 아직 남아 있고, 역사 일반에 관한 물음들도 제기되기를 기다리고 있다. 역사를 쓰는 과정('역사서술historiography')은 이 책이 보여주려 하듯이 물음들로 가득하다. 이 첫 장에서 우리는 이미 마음속에 떠올랐을지도 모르는

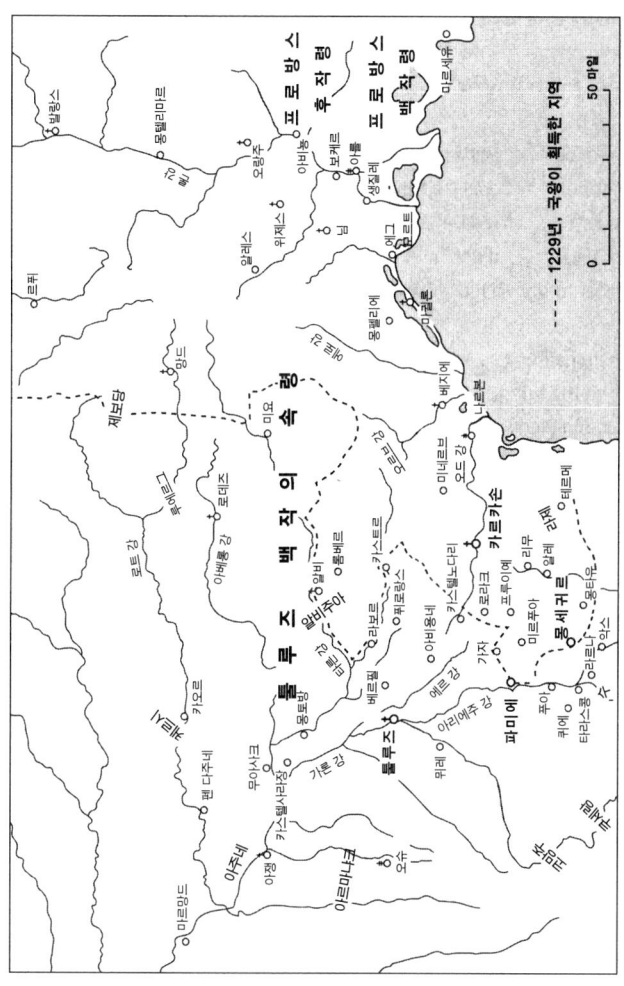

1. 중세 랑그도크(프랑스 남부) 지방의 도시와 마을. 길렘 데장의 유골은 라르나 남쪽에 있을 것이다.

이런 물음들을 검토하기 시작할 수 있다. 여러모로 보아 역사는 물음으로 시작해 물음으로 끝난다. 다시 말해 역사는 결코 끝나지 않는 **과정**이다.

> 언어는 혼란스러울 수 있다. '역사'는 흔히 과거 자체와 역사가들이 과거에 관해 쓰는 것 둘 다를 가리킨다. '역사서술'은 역사를 쓰는 과정을 뜻하기도 하고, 그 과정에 관한 탐구를 뜻하기도 한다. 이 책에서 나는 '역사서술'을 역사를 쓰는 과정이라는 뜻으로, '역사'를 그 과정의 최종 산물이라는 뜻으로 사용한다. 앞으로 보겠지만 이 책은 (내가 말하는) '역사'와 '과거' 사이에 본질적인 차이가 있다고 주장한다.

그런데 앞에서 말한 이야기는 어떻게 이 책까지 전해졌을까? 여기에는 몇 가지 답변이 있다. 가장 간단한 답변부터 살펴보자. 길렘 드 로데는 1308년 조프루아 다블리라는 종교재판관 앞에 네 차례 출두했다. 다블리는 교황의 권위에 입각해 이단을 조사하기 위해 피레네 산맥을 찾아온 인물이다. 다블리는 누구든지 자기 앞에 불러내 정통 신앙과 관련된 질문에 답하도록 명령하고 피심문자 본인의 행동만이 아니라 살아 있든 죽었든 다른 이들의 행동까지 고백하도록 강요할 수 있었다. 이 종교재판관은 그들의 고백을 듣고 나서 속죄 행위를

명하거나 처벌을 내릴 수 있었는데, 처벌은 이단 행위를 한 죄인임을 나타내는 노란 십자가를 매는 것부터 산 채로 화형을 당하는 것까지 다양했다.

길렘의 또다른 형제 제로 드 로데는 제 발로 종교재판관을 찾아가 카타리주의에 연루된 많은 이들의 이름을 말했는데, 이 일이 계기가 되어 길렘 드 로데가 심문을 받게 되었다. 제로의 고백과 길렘의 고백, 최소 15명의 고백이 종교재판 기록부에 기록되었다. 증인들은 다블리가 묻는 일련의 물음에 답하고 자료를 몇 가지 내놓았다. 그들의 답변은 종교재판관의 서기들에 의해 기록되었고, 훗날 이용할 수 있도록 안전하게 보관되었다. 이런 기록부 중 일부가 살아남은 덕에 우리는 그들의 14세기 발언을 지금도 접할 수 있다. 현대의 한 역사가는 이 특정한 기록부를 편집해 출간했다. 그리고 나는 여러분에게 길렘 대장 이야기를 들려주기 위해 그 자료를 일부 활용했다.

그렇지만 물음은 여기서 끝나지 않는다. 뒤에서 나는 증거와 증거의 활용, 증거의 문제에 관해 더 말할 것이다. 일단은 대장 이야기로 돌아가자. 나는 대장 사건이 여러분의 관심을 끌었기를 바란다. 나는 분명 흥미로웠기 때문에 이 사건을 선택했다. 대장 사건이 우리를 사로잡는 이유는 살인 사건인데다가 우리가 공포 이야기의 꺼림칙한 쾌감을 공유하는 데 익숙하기 때문일 것이다. 데장 사건은 분명 '이야기'이기도 하며, 시작과 중간과 끝이 있어서 더 '만족스러운' 이야기일 것이다. 또한 중세 사람들이 그런 활동에 관여했음을 몰랐던 독자에게는 흥미롭고 놀라운 이야기일 것이다. 이 이야기 속 사람들은 왕이나 왕자, 성인, 유명 작가가 아니라 평범한 이들이었다. 그러니 우리가 그들에 관해 조금이나마 알고 있다는 사실에 그저 반색하는 독자도 있으리라!

이 이야기가 우리에게 흥미로운 이유는 낯선 구석이 있기 때문이기도 할 것이다. 작가 L. P. 하틀리(L. P. Hartley)는 "과거는 낯선 나라다. 그곳에서 그들은 다르게 행동한다"라고 말했다. 과학소설 작가 더글러스 애덤스(Douglas Adams)는 반대 경우를 상정해, 과거는 진정 낯선 나라이고 그들은 꼭 우리처럼 행동한다고 말했다. 이 두 가지 진술 사이 어딘가에 우리를 과거로 이끌고 역사를 연구하도록 부추기는, 파악하기 어려운 요소가 있다. 앞에서 들려준 이야기는 두 진술을 모두 말한다. 우리는 편지를 보내고 친척을 방문하고 고향에서 다른 지역으로 이동하는 행동을 이해하고 실천한다. 우리는 직접 경험한 적이 없더라도 박해의 공포와 살인에 대해 알고 있다. 내가 이야기 속 사람들의 이름을 여러분의 토착어로 옮겼다면 (길렘Guilhem은 영어로 윌리엄William이 된다) 그들을 한층 친숙하게 느꼈을 것이다. 나는 데장 사건 당대의 언어인 오크어에 따라 그들의 이름을 표기했다. 실은 여러분을 살짝 속였다. 종교재판은 라틴어로 기록되었으니 정확히 말하면 라틴어식으로 'Gulielmus'라고 표기했어야 한다.

그러나 이 이름들은 또다른 면에서 낯설다. 그토록 많은 이들이 모두 길렘이라 불린다는 것은 이상해 보인다. 보통 우리는 출생지를 성(姓)으로 삼지 않는다('드 로데'는 '로데라는 곳의'라는 뜻이다). 우리는 종교에 관해 알지만 이단 개념과 종교재판 과정, 두 신에 대한 신앙에는 익숙하지 않을 것이다. 우리는 이런 신앙을 기이한 '미신'으로 여기는가, 아니면 신의 아들이 지상에 내려와 십자가에 매달려 죽은 다음 부활했다는 생각보다 낯설지 않은 신앙으로 여기는가? '이단'은 이단을 규정하는 '정통'이 있는 곳에서만 존재할 수 있다. 중세의 가톨릭교도와 카타리교도 모두 자기네가 '참된' 기독교도라고 주장했다. 현재 우리의 철학과 신앙이 어떻든 간에, 우리는 두 집단 중 하나와 실제로 이어져 있다고 주장할 수 있을까?

기록을 더 읽는다면 우리에게 낯선 다른 요소들도 눈에 띨 것이다. 길렘 드 로데와 그의 동생은 분명 읽고 쓸 줄 알았지만(그들은 편지로 연락을 주고받았다), 이 점에서 그들은 상당히 이례적인 축에 들었다. 당대 사람들 대다수는 그들만큼 읽고 쓰지 못했을 것이다. 그리고 14세기에는 문자해독능력 개념이 지금과 사뭇 달랐다. 당시 리테라투스(litteratus, 읽고 쓸

아는 사람)는 **라틴어**를 읽고 쓸 줄 알고 성서를 어떻게 해석하는지 아는 사람을 뜻했다. 토착어를 능란하게 구사하는 재능은 아무리 유용한 능력이라 해도 '문자해독능력'으로 간주되지 않았다. 오크어(또는 독일어, 프랑스어, 영어 등)를 읽고 쓰는 사람은 그러거나 말거나 일리테라투스(illiteratus, 읽고 쓸 줄 모르는 사람)로 간주되었을 것이다. 이런 익숙한 요소들과 낯선 요소들은 또다른 물음들도 불러일으킬 수 있다.

길렘 데장의 피살은 종교재판 기록부에 기록된 유일한 사건이 아니었다. 1301년에 피레네 산맥에서, 또는 프랑스 남부에서, 유럽에서, 전 세계에서 일어난 유일한 사건도 명백히 아니었다. 역사가는 과거의 **모든** 이야기가 아니라 일부만 말할 수 있다. 현존하는 사료에는 구멍이 있고(다블리의 기록부 중 일부는 소실되었다), 잔존하는 증거가 없는 영역도 있다. 증거가 있어도, 우리가 말할 수 있는 것보다 말해질 **수 있는** 것들이 훨씬 많다. 역사가들은 말할 수 있거나 말해야 하는 것이 무엇인지를 불가피하게 결정한다. 그러므로 '역사'(역사가들이 과거에 관해 말하는 진실한 이야기들)는 우리의 주의를 붙잡고 우리가 현대의 사람들에게 되풀이해 말하기로 결정한 것들로만 이루어진다. 뒤에서 보겠지만, 역사가들이 진실한 이야기를 선택할 때 의존하는 근거는 오랫동안 변해왔다.

데장의 피살을 되풀이해 말할 이야기로 고른 뒤에는 더 큰 그림에서 이 사건에 어떤 역할을 맡길지 결정해야 한다. 현대 역사가가 위에서 말한 것과 같은 짤막한 이야기만 제시하고 입을 다무는 경우는 좀처럼 없을 것이다. 19세기 말과 20세기 초에 일부 역사가는 넓은 독자층에게 호소할 법한 흥미로운 증거 조각들을 모으고 번역하는 방식으로 저술했다. 그런 책들은 유용한 보고이며 다른 역사가들의 상세한 저술로 이어졌다. 또한 즐거운 읽을거리로서 과거를 향한 열의를 독자에게 불어넣을 수 있다. 그러나 현대 역사가 대다수는 이것으로 불충분하다고 생각한다. 우리는 과거를 제시하는 데 그치지 않고 **해석할** 필요가 있다. 이야기를 위해 더 큰 맥락을 찾는 것은 '일어난 사건'이 아니라 그 사건의 의미를 말하려는 시도다.

어떤 큰 그림에 대장 살해 이야기를 알맞게 넣을 수 있을까? 몇 가지 길이 있다. 가장 명백한 길은 종교재판과 이단에 관한 더 넓은 역사에 집어넣는 것이다. 이 이야기는 카타리 신앙에 관여한 사람들과 그들의 행동 및 믿음을 말해준다. 아울러 카타리주의 자체의 역사도 말해준다. 우리는 다블리의 기록부를 읽으면서 오티에 이단자들이 얼마나 많은 이들을 개종시켰는지 어느 정도 알게 된다. 우리는 증거 속 사람들이 '종교재판'이 아닌 '종교재판관'에 대해서만 말한다는 것을 알 수 있다. 이 시기에 '종교재판'이 공식 제도로서 존재하지 않았기 때문이다. 당시만 해도 특수한 직무를 수행하는 (조프루

2. 카타리 이단자들과 싸우는 성 도미니쿠스(왼쪽). 책을 불에 던져넣자 이단적인 책은 불탔지만 정통 신학서는 기적처럼 공중으로 떠올랐다. 사실 도미니쿠스는 종교재판관이 아니었다(훗날 도미니크회 수도사들이 종교재판관으로 활동하긴 했다). 그러나 화형은 회개하지 않는 이단자에 대한 최후의 처벌로 남아 있었다. (페드로 베루게테, 15세기 말)

아 다블리 같은) 개별 종교재판관밖에 없었다(다블리의 직무는 피레네 산맥 마을들에서 이단을 조사하는 것이었다). '종교재판'은 다블리를 비롯한 이들이 수행한 법적 절차를 뜻했다. 종교재판은 13세기 초엽에 이단과 싸우는 방법으로서 확립되었다. 다블리의 기록부는 그때 이래로 종교재판 절차―이단을 심문하고 기록하는 방법―가 어떻게 변했는지도 보여준다. 길렘 드 로데의 고백을 1240년대의 고백과 비교할 경우, 우리는 길렘이 종교재판 초기의 증인들보다 훨씬 길고 훨씬 상세하게 말하도록 요구받았음을 알게 된다. 이렇게 변한 까닭은 이단이 가하는 위협이 변했고 그와 더불어 종교재판관의 권한도 변했기 때문이다.

데장 살해 이야기를 범죄의 역사에 넣을 수도 있다. 중세의 살인에 대한 다른 서술들도 있고 그중 일부는 꽤나 유명하다. 우리는 데장 이야기를 1170년 토머스 베켓 살해나 1304년 윌리엄 월리스 처형, 잉글랜드의 리처드 3세가 저질렀다고 하는 범죄와 대조할 수 있다. 혹은 다른 종류의 법정 기록을 이용하여 하층민 내부의 범죄에 집중하고, 중세의 폭력 만연과 범죄 방법, 심문과 처벌, 범죄자의 동기에 관해 말할 수도 있다. 랑그도크의 역사에서 데장 이야기가 다시 한번 일익을 담당할 수도 있다. '랑그도크(Languedoc)'는 '오크 말씨(또는 언어)'를 뜻하며, 이 지역 주민들이 '예'를 의미하는 말로 프랑스 북부의 '위(oui)'가 아닌 '오크(oc)'를 사용해서 붙은 이름이다. 랑그도크에 이단이 있었으므로 교황은 13세기 초에 이 지역에 십자군을 파견했다. 그 이전까지 랑그도크는 파리 일대보다 카탈루냐에 더 친근감을 느끼며 살아온 분리된 나라나 마찬가지였다.

십자군이 이단을 진압한 결과, 프랑스 북부가 남부를 정치적으로 통제하게 되었다. 새로운 정치 지배자들이 등장해 랑그도크의 질서를 회복하기까지 오랜 세월이 걸렸으며, 프랑스 남부 사람들은 지금까지도 몇 가지 면에서 파리 일대 북부와 남부가 판이하게 다르다고 생각한다. (확실하진 않아도 데장을 살해했을) 카타리주의에 대한 옹호는 프랑스의 정치사와 밀접한 관련이 있었다.

마지막으로 데장 사건의 서사를 무시하고 세부에 집중할 수도 있다. 앞에서 나는 문자해독능력 문제를 언급했다. 이것은 평신도의 학습 수준에 관심이 있는 역사가에게 유용한 정보다. 데장은 라르나 바깥 다리에서 공격당했다. 기록부를 더 읽으면 타라스콩 바깥과 다른 마을들에도 다리가 있었음을 알게 된다. 이 사실은 이 지역의 지리에 관해 어느 정도 말해준다. 길렘 드 로데는 고백하는 중에 언젠가 이단자들을 "바닥 아래 곡물을 저장하는 장소"에 숨겼다고 말한다. 또 언젠가 이단자들은 타라스콩 인근 들판에 있던 길렘 소유의 오두

막에 머물렀다. 이런 식으로 우리는 농업과 건축에 관해 알아낼 수 있다. 길렘은 볼일이 있어 악스 마을까지 갔다고도 고백하는데, 그 볼일이란 푸아 백작과 함께 군사 훈련을 받는 것이었다. 그러므로 우리는 길렘의 활동에 관해, 더 나아가 그가 속한 사회계급에 관해 추가로 알게 된다. 길렘은 고백 중에 언급한 사건들의 날짜를 대라는 요구를 자주 받았다. 그럴 때면 길렘은 보통 성인(聖人)의 날을 기준으로 이를테면 "성 세례자 요한 축일 15일 후였습니다"(6월 중 어느 날)라고 말했다. 이는 길렘이 시간의 경과를 어떻게 인식했는지 말해주고 이 단에 동조하는 사람에게도 성인이 중요했음을 알려준다. 추가 정보를 얻기 위해 다른 종교재판 기록을 발굴한다면, 이런 유용한 정보를 대량으로 수집할 수 있을 것이다. 길렘의 고백을 둘러싼 하나의 온전한 세계, 길렘이 대체로 당연하게 받아들였던 세계, 조각과 파편으로 드러나 우리를 감질나게 하는 세계가 있다.

나는 데장 살해 이야기를 집어넣을 만한 그림들로 이 정도가 떠오른다. 독자들은 다른 그림을 떠올릴 것이다. 앞으로 더 살펴보겠지만, 다른 시대의 역사가들은 이 이야기를 다르게 해석했을 것이고, 그중 일부는 이 이야기가 전혀 중요하거나 흥미롭지 않다고 생각했을 것이다. 이런 선택은 단순히 우연이나 총명함이 아니라 우리의 **관심을 끄는** 것과 관련이 있다.

역사가로서 우리는 우리 자신의 관심사, 도덕, 윤리, 철학, 세상이 어떻게 돌아간다는 생각, 사람들이 어떤 행동을 하는 이유 등에 사로잡힌다. 기록에 담긴 증거는 우리에게 그림과 수수께끼로, 실은 도전으로 다가온다. 길렘 드 로데는 자기 이야기의 세부를 낱낱이 설명하지 않는다. 예를 들어 길렘의 증언은 수도원에서 아무도 그의 형제를 심문하지 않은 이유를 말해주지 않는다. 길렘 데장의 동기가 정확히 무엇이었는지(독실한 정통 신자였는가 아니면 도미니크회 수도사들의 승인을 얻으려 했는가?), 길렘 드 아레아와 공범들이 데장을 캄캄한 바위 무덤 속으로 내던진 이유가 정확히 무엇이었는지(오티에 형제를 보호하려 했는가 아니면 그들 자신을 보호하려 했는가?)도 말해주지 않는다. 나는 이런 의문에 대해 나름대로 생각하는 바가 있지만, 그건 나의 생각일 뿐이다. 역사가가 이런 공백을 채우는 방법과 타당하게 추측하는 기술에 관해서는 뒤에서 더 말할 것이다.

'추측'은 역사서술 과정이 어느 정도 불확실하다는 것을 시사한다. 더 나아가 역사가들이 때때로 틀린다는 것까지 시사할지도 모른다. 역사가들은 당연히 틀린다. 다른 모든 사람과 마찬가지로 그들은 잘못 읽거나 잘못 기억하거나 잘못 해석하거나 잘못 이해할 수 있다. 그러나 더 넓게 보면 역사가들은 언제나 '틀린다'. 우리가 틀리는 이유는 우선 결코 완전히 맞을 수 없기 때문이다. 모든 역사적 서술에는 빈틈과 문제, 모순, 불확실한 부분이 있다. 우리가 '틀리는' 다른 이유는 서로 언제나 동의할 수는 없기 때문이다. 우리는 각자의 방식으로 '틀릴' 필요가 있다(그러나, 앞으로 보겠지만, 우리는 사태를 어떻게 해석할지를 두고 집단들로 갈리기도 한다). 그렇지만 역사가들은 틀리면서도 언제나 '맞으려' **시도한다**. 우리는 증거가 실제로 말한다는 생각을 고수하고, 입수 가능한 자료를 몽땅 찾아내고, 무슨 일이 일어나고 있는지 이해하려 애쓰며, 결코 '사실'을 지어내지 않는다. 역사가들은 자기네 작업을 문학의 작업과 대비해 규정하곤 한다. 픽션의 저자는 인물과 장소, 사건을 지어낼 수 있지만 역사가는 증거에 얽매인다. 이렇게 문학과 대비하면 역사는 상당히 건조하고 상상력을 결여한 것처럼 보인다. 그렇지만 이제까지 살펴보았고 앞으로 더 살펴볼 것처럼 역사 또한 증거를 다루고 제시하고 설명할 때 상상력을 동원한다. 모든 역사가의 성패는 실제로 무슨 일이 일어났는지, 그리고 그 일에 어떤 **의미**가 있을지에 달려 있기 때문이다. '진실'—다른 시점(時點)에는 공상으로 드러날 수도 있는 진실—을 파악하려는 이 불안정한 시도에는 우리를 들뜨게 하는 면이 있다.

  '역사'가 존재하려면 이런 의혹이 필요하다. 과거에 빈틈과 문제가 없다면 과거를 완성하기 위해 역사가가 할 일이 없을 것이다. 그리고 존재하는 증거가 언제나 꾸밈없고 진실하고 분명하게 말을 한다면 역사가만 할 일이 없는 것이 아니라 우리가 서로 논쟁할 기회도 없을 것이다. 역사는 다른 무엇보다 **논쟁**이다. 역사는 역사가들의 논쟁이다. 그리고 어쩌면 과거와 현재의 논쟁, 실제로 일어난 일과 다음에 일어날 일의 논쟁인지도 모른다. 논쟁은 중요하다. 논쟁은 사태가 변화할 가능성을 만들어낸다.

이런 이유들 때문에 나는 이 장과 이 책에서 역사에 관해 말하면서 '진실한 이야기(true story)'라는 표현을 사용했다. 이 표현에는 필연적인 긴장이 담겨 있다. 증거와 합치해야 하고 사실에 의존한다는 점에서 역사는 '진실하다'. 그렇지 않으면 '사실'이 잘못된 이유와 '사실'을 고쳐서 사용해야 하는 이유를 밝혀야 한다. 동시에 역사는 '사실'을 더 넓은 맥락이나 서사 속에 배치하는 **해석**이라는 뜻에서 '이야기'다. 역사가들은 이야기를 말하는데, 이것은 그들이 여러분(그리고 그들 자신)에게 무언가를 납득시키려 애쓴다는 뜻이다. 그들의 설득 방법은 한편으로는 '진실'―사태를 지어내지 않고 정황을 실제와 다르게 제시하지 않는 것―에 달려 있지만, 다른 한편으로는 과거에 관한 흥미롭고 조리 있고 유용한 서사를 만들어내는 일에도 달려 있다. 과거 자체는 서사가 아니다. 과거 전체는 삶만큼이나 혼란스럽고 조화롭지 못하고 복잡하다. 역사란 이 난장판을 이해하는 일, 이 대혼란에서 패턴과 의미와 이야기를 발견하거나 만들어내는 일이다.

우리는 일련의 물음으로 시작했고 나는 몇 가지 답변을 내놓았다. 즉 역사란 과정이자 논쟁이며 과거에 관한 진실한 이야기들로 이루어진다고 말했다. 이런 물음과 답변은 이 책의 나머지 부분에서 더 충분히 따져볼 것이다. 이 장을 마치기 전에 한 가지만 더 말하겠다. (지금 우리가 하듯이) 역사에 관해 생각하는 것은 기회이자 위험이다. 역사에 관해 생각함으로써 우리는 과거와 우리의 관계를 숙고할 수 있고, 과거에 관해 말하기 위해 우리가 선택한 이야기의 종류, 그런 이야기에 도달한 방식, 그런 이야기를 말하는 것의 **효과**를 살펴볼 수 있다. 현재에 재진입할 때 과거는 강력한 위치를 차지한다. '역사'에 관한 사유의 한 부분은 역사가 무엇―또는 누구―을 위해 존재하는지 생각하는 것이다. 이런 탐구를 시작하기 위해서는 시선을 뒤로 돌려 과거에 '역사'가 어떠했는지 이해하려 하는 편이 유익할 것이다.

제 2 장

돌고래의
꼬리부터
정치의 탑까지

서기전 6세기 바빌로니아의 왕 나보니두스는 먼 옛날 신전인 '에-밥바르' 수색—초창기 고고학적 발굴이라 말할 수 있으리라—에 나섰다. 신전을 찾은 왕은 이렇게 썼다.

> 나는 거기서 부르나부리아쉬 700년 전에 샤마쉬를 위해 먼 옛날 성역(聖域)에 에-밥바르를 지은 먼 옛날 함무라비 왕의 비문(碑文)을 읽고 그 의미를 이해했다. 나는 기쁨에 전율했다…….

부르나부리아쉬 왕은 서기전 14세기에 살았고, 나보니두스가 발견한 샤마쉬 신의 신전은 그보다 700년 오래된 것이었다. 즉 그 신전은 나보니두스보다 2,000년 앞서는 것이었다.

이런 믿기 어려운 시간차로 말미암아 나보니두스가 우리에게 얼마간 더 가까워 보이기 시작한다. 나보니두스의 발견과 글을 우리 이야기의 시작으로 본다면, 우리가 아는 '역사'의 첫 조각으로 본다면, 이 장에서 말하는 서사의 '기원'에 해당하는 그의 역할 때문에 그가 더욱 가깝게 느껴질 것이다. 이처럼 나보니두스와 우리가 연결된다는 의식은 유익하지만 한편으로는 문제가 될 수도 있다. 나보니두스가 에-밥바르를 찾는 일에 관심을 기울인 이유는 신전이 그를 왕족 전통과 연결해주고 그 연결이 권력과 권위를 함축했기 때문이다. 나보니두스가 자신의 발견을 이해한 방식과 그 발견을 기록한 동기가 역사에 대한 우리의 관심과 반드시 일치하는 것은 아니다.

이런 식으로 '역사'의 시작을 하나의 활동으로 되돌아볼 수 있을까? 이것은 복잡한 물음이며, 이렇게 물음으로써 우리는 당연히 현대의 역사적 탐구에 관여하게 된다. 우리는 역사 자체를 '역사화'하기 위해, 즉 역사의 뿌리가 무엇이고, 역사가 어디서 생겨나고, 어떻게 변해왔고, 서로 다른 시공간에서 어떻게 쓰여왔는지 확인하기 위해 역사를 되돌아볼 수 있다. 이 간략한 서술에서 우리는 현재에 초점을 맞추어야 한다. 다시 말해 과거의 역사서술을 오늘날의 역사서술과 비교하기 위해, 그리고 역사가 하나의 주제로서 시간의 흐름과 더불어 변해왔다면 장차 또다시 변할 것임을 상기시키기 위해 역사를 이용해야 한다. 이런 이유로 앞으로 말할 이야기에는 큰 빈틈들이 있을 것이다. 그렇지만 내가 보여주고자 하는 한 가지는 **모든** 역사가 몇몇 방식으로 당대에 관해 무언가를 말한다는 것이다.

나보니두스로부터 한 세기를 지나 그리스 최초의 역사가를 만나보자. 헤로도토스(서기전 484~425)는 그리스인과 페르시아인이 반목하게 된 역사적 원인들에 관해 썼다. 이 반목은 헤로도토스에 앞서 호메로스가 시가에서 다룬 주제이기도 하다. 헤로도토스는 우선 두 민족이 치고받게 된 이유에 관한 더 오래된 이야기들을 논한다. 헤로도토스는 페르시아의 관점에서 사건을 자세히 이야기한다. 포이니케인들은 그리스 왕의 딸 이오를 납치했고, 그리스인들은 포이니케 왕의 딸 에우로페를 납치하고 그뒤에 왕족의 딸 메데이아까지 납치했으며, 포이니케의 통치자 프리아모스의 아들 파리스가 이 이야기를 듣고 헬레네를 납치해 자기 아내로 삼았다. 포이니케인들이 보기에 이것은 중대한 사건이 결코 아니었다. 여자들을 납치한 것은 나쁜 짓이지만 야단법석을 떨 일은 아니었는데, "스스로 응하지 않는 한 젊은 여인은 분명 납치되지 않을 것이기 때문"이었다. 그렇지만 그리스인들은 과잉 반응을 보였다. 그들은 트로이에 있는 헬레네를 구출하기 위해 대군을 일으켜 프리아모스의 제국을 파괴했다. 이 모든 일이 여자들 납치를 앙갚음하려다 일어났다. 그렇지만 포이니케 역사가들은 이런 서술조차 진실이 아니라고 말한다. 그들에 따르면 이오(처음에 언급한 여자)는 강제로 끌려간 것이 아니라, 포이니케 배의 선장과 살을 섞고 임신했던 탓에 부모를 대할 낯이 없어 자진해서 포이니케로 떠난 것이었다.

헤로도토스는 이렇게 썼다.

이상이 페르시아인들과 포이니케인들의 주장이다. 하지만 나는 사실은 이랬느니 저랬느니 꼬치꼬치 따지고 싶지 않다. 대신 내가 알기에 그리스인들에게 맨 처음으로 적대 행위를 시작했음이 분명한 남자에 관해 이야기하고자 한다. 나는 먼저 그가 누구인지 밝힌 후 나머지 이야기를 계속하며 크고 작은 도시에 관해 이야기하려 한다. 전에는 강력했던 수많은 도시가 미약해지고, 내 시대에 위대한 도시들이 전에는 미약했기 때문이다. 인간의 행복이란 덧없는 것임을 알기에 나는 큰 도시와 작은 도시의 운명을 똑같이 언급하려는 것이다. 〔천병희 옮김, 『역사』, 숲, 2009〕

헤로도토스는 페르시아의 전설을 거부하고 그럴싸한 믿음보다 '사실'에 의존한다. 저서 『역사Histories』의 뒷부분에서 헤로도토스는 헬레네와 파리스가 실제로 트로이에 도착한 적이 없고 이집트에 억류되었음을 보여주기 위해 구술사 서술을 이용한다. 그리고 호메로스의 작품(『일리아스』와 『오디세이아』)에서 몇몇 구절을 분석해 이 위대한 시인이 헬레네와 파리스에 관한 사실을 실제로 알았으면서도 그와 다른 허구적 이야기를 선택했다고 주장한다. 헬레네의 역사에 관한 헤로도토스의 새로운 서술을 우리가 믿든 안 믿든, 허구적 이야기와 진실한 역사적 서술을 구별하기 위해 증거를 사용하고자 한다는 점에서 헤로도토스는 20세기 역사가와 흡사해 보인다. (나보니두스와 에-밥바르와 달리) 『역사』가 헤로도토스 개인의 환경에 국한되지 않고 더 많은 사람들에게 말을 걸고 더 원대한 목표(과거를 기록하고 설명하는 것)를 추구한다는 사실 또한 오늘날 우리가 알고 있는 대로 헤로도토스가 역사의 창시자임을 시사한다. 실제로 헤로도토스는 '역사의 아버지'라 불리곤 한다.

그러나 여기서 우리는 다시 한번 신중해져야 한다. 헤로도토스의 일부분은 익숙하고 '근대적'으로 보일지 몰라도, 다른 부분들은 그렇지 않다. 헤로도토스가 들려주는 역사의 많은 부분은 우리가 믿기 어려워할 설화들, 예컨대 돌고래의 꼬리에 올라탄 아리온, 본의 아니게 자기 형을 죽인 뒤 크로이소스의 궁전에서 지내다가 본의 아니게 크로이소스의 아들까지 죽인 아드라스토스, 이야기 도중에 간간이 끼어들고 언제나 실현되는 델포이 신탁의 예언 같은 설화들과 관련이 있다.

이런 이야기들이 우리가 더 '사실적'이라고 인정할 정치사, 즉 그리스인과 페르시아인이 전쟁으로 치달은 과정의 역사와 뒤섞여 있다. 헤로도토스는 정치적 사건에 대한 서술에서 언제든지 기꺼이 벗어나 지역별 관습, 다른 지역의 기이하고 놀라운 동물, 자신의 관심을 끌었던 기막힌 이야기 등을 들려준다. 그래서 헤로도토스는 '거짓말의 아버지'라고도 알려져 있다. 그러나 헤로도토스 본인은 이런 요소들 사이에서 아무런 차이도 발견하지 못했을 것이다. 실제로 헤로도토스는 자기 말을 확증하는 증인들이 있으므로 자기 말을 믿어도 된다고 언명하느라 애쓰곤 한다.

헤로도토스가 우리와 다르다고 생각해야 할 다른 이유들도 있다. 우선 헤로도토스는 '역사'를 쓰는 일이 다른 종류의 글쓰기와 본질적으로 다르지 않다고 생각했을 공산이 크다. 훗날 '역사'가 된 고대 그리스어 낱말의 본래 의미는 '조사하다'였고, 더 구체적으로는 진술들이 상충할 때 지혜롭게 선택할 수 있는 사람을 가리켰다. 이런 의미의 역사를 과거에 관한 글쓰기에 적용했을 경우 그 산물은 대체로 시적이지도 철학적이지도 않았으며, 따라서 그리스인들에게 그다지 중요하지 않았다. '역사'라 불린 특정한 장르가 있었는지는 전혀 분명하지 않다. 오히려 '역사'는 '비철학적' 글쓰기라는 더 큰 덩어리의 일부분이었을 것이다. 또한 헤로도토스의 저술 이유가 나보니두스의 이유보다 우리의 이유에 더 가깝긴 하지만, 그럼에도 그와 우리는 상당히 다르다. 헤로도토스는 당대에 상황과 성격을 예시하기 위해 과거를 이용했다. 시간이 순환한다고 생각했기 때문이다. 그에게 역사란 동일한 주제들과 문제들을 거듭거듭 낳으면서 거듭거듭 순환하는 것이었다. 『역사』에서 일어나는 사건은 대개 성격상 결함 때문에 발생하지만, 이런 결함 이면에는 (앞에서 말했듯이) 도시들과 사람들을 똑같은 정도로 융성시키고 몰락시키는, 순환하는 운명의 수레바퀴가 있다. 예를 들어 『역사』에서 크로이소스는 꿈에서 경고를 받았음에도 (아드라스토스가 본의 아니게 죽인) 아들의 죽음을 막지 못했고, 뒤이어 휴브리스(hubris, 신들을 노하게 만드는, 자신의 성취에 대한 자만) 때문에 제국을 몽땅 잃고 말았다. 20세기 역사가 중 일부는 역사에서 특정한 주제가 되풀이된다고 믿을지 모르지만, 내가 생각하기에 운명의 수레바퀴가 인과관계를 지배한다고 믿는 역사가는 한 명도 없다.

이런 시간 개념은 기독교가 자기네 역사가들을 처음 배출했을 때 확실히 변했다. 기독교 신앙은 운명의 수레바퀴에 의존하지 않았다. 오히려 세계가 창조와 종말이라는 고정된 두 지점 사이에서 가차없이 움직이고 있다고 보았다. 구약성서에 의존한 기독교 초기 역사가들은 인류의 일곱 시대를 상정했다. 그들이 글을 쓰던 시기는 처음 다섯 시대가 이미 지나갔

3. 원형으로 표현한 아우구스티누스의 '인류의 여섯 시대'(따라서 역사). 이 원은 〈운명의 수레바퀴〉(그림 4)를 연상시킨다. 아직 오지 않은 일곱번째 시대는 세계의 종말이다.

4. 〈운명의 수레바퀴〉. (윌리엄 드 브레일스, 1235)

고 인류가 여섯번째 시대, 즉 그리스도의 탄생으로 시작해 재림으로 끝나는 시대에 들어선 때였다. 앞에 놓인 것은 세계가 종말을 고하고 역사가 끝나는 일곱번째 시대뿐이었다. 이런 틀은 역사의 의미와 역사에 접근하는 방법에 관한 상당히 다른 견해를 시사했다.

그렇지만 고전 시대와 기독교 초기 시대를 칼로 자르듯이 구별해서는 안 된다. 사실 운명의 수레바퀴 이미지는 기독교 문화 내에서 살아남았고, 일곱 시대라는 개념은 기독교 역사 내에서 저술을 모조리 좌우하지 못했다. 역사서술의 변화를 가져온 것은 역사를 이용해 성취하려는 새롭고 절박한 **목적**이었다. 에우세비우스(Eusebius)가 『교회사 Ecclesiastical History』(서기 325년경)를 쓴 목적은 기독교도와 이교도들에게 기독교가 이교보다 더 오래되었고 더 합리적이고 더 도덕적이고 더 유효하다는 점을 납득시키는 것이었다. 초기 기독교도들은 역사를 과거에 관한 **논쟁적** 서술로서 썼다. 기독교 초기 수백 년간 그들은 로마 당국이 박해하는 신앙을 옹호해야 하는 사면초가 신세였기 때문이다. 그들의 신앙을 옹호하는(그리고 다른 신앙들에 맞서는) 역사를 쓰는 것은 권위를 얻으려는 시도였다. 히포의 아우구스티누스(Augustinus)는 『신국 City of God』(426년경)에서 교회의 역사적 고투를 선과 악의 영원한 투쟁과 결합했다. 이 저작은 신학과 역사의 원대한 혼합이었지만,

직접적 영향을 널리 끼치기에는 너무 길고 복잡했다. 그렇지만 아우구스티누스의 제자 오로시우스(Orosius)가 더 단순하고 더 논쟁적으로 쓴 『이교도 대항사 History against the pagans』는 인기가 훨씬 좋았다.

에우세비우스와 오로시우스는 자기 주장을 뒷받침하는 원본 문헌을 인용하고, 성서의 역사적 정확성을 역설하고, 거대한 선형적 서사에 교회의 역사를 연결하는 방식으로 권위 있는 역사를 만들어내기 시작했다. 그들에 앞서 발전한 역사서술의 한 요소가 그들이 목적을 성취하는 데 도움을 주었다. 바로 수사학이라는 관념이었다. 로마 시대 저술가 살루스티우스(Sallustius)와 키케로(Cicero)는 어떤 종류의 글을 쓰든 지켜야 할 규칙과 규약이 있으며 역사를 쓸 때는 특정한 규칙과 규약을 지켜야 한다고 주장했다. 역사의 '수사학자'(또는 서술자)는 설령 다른 이들이 불쾌해할지라도 진실을 불편부당하게 말해야 하고, 사건들을 연대기적·지리적으로 배열해야 하며, 성격과 우연을 포함해 행위의 원인에 주목하면서 어떤 '위대한 행위'가 행해졌는지 말해야 하고, "쉽고 물 흐르는 듯한 문체로 차분하게 써야" 했다. 요점은 이 규칙들을 지키며 쓴 역사가 설득력을 갖추고 호평을 받아야 한다는 것이었다. 로마인들이 창안하고 기독교도들이 발전시킨 이 수사학 요소는 역사서술과 관련해 오랫동안 유산을 남겼다.

5. 바이외 태피스트리는 노르만족의 잉글랜드 정복을 보여주고, 따라서 글쓰기가 역사를 기록하는 유일한 방법이 아님을 일깨워준다.

1067년 익명 저자가 『참회왕 에드워드의 생애The Life of Edward the Confessor』 집필을 끝마쳤다. 저자는 이 책을 후원자인 이디스(Edith) 왕비, 즉 잉글랜드 군주 에드워드의 아내에게 헌정했다. 그의 저술 의도는 왕비의 가문을 칭송함으로써 이디스를 칭송하는 것이었다. 그렇지만 그의 작업은 에드워드의 치세가 재앙으로, 이디스의 오빠들인 해럴드(Harold)와 토스티그(Tostig)의 비극적인 싸움으로 끝났다는 사실 때문에 지장을 받았다. 그의 해결책은 두 가지였다. 첫째로 그는 『참회왕 에드워드의 생애』 제2권에서 에드워드의 신앙생활을 다루면서 에드워드가 내세에서의 구원(현세에서 어떤 문제를 일으켰든 그것을 상쇄하고도 남는)에 이르는 길을 선도했음을 암시했다. 둘째로 그는 왕국에 닥친 모든 곤경을 사실상 왕가의 싸움 탓으로 돌림으로써 일종의 전도된 칭송―그 가문이 얼마나 중요했으면 가문 내의 문제가 그토록 많은 다른 재앙들로 이어졌겠는가!―을 했다. 그렇지만 이 책은 1066년 노르만족의 잉글랜드 정복은 언급하지 않는다.

위대한 중세학자 리처드 서던(Richard Southern)은 "노르만족의 정복을 언급하지 않고서 1066년의 재앙에 관해 쓸 수 있는 역사가는 이 낱말을 아주 평범한 뜻으로 사용할지라도 분명히 역사가가 아니다"라고 말했다. 실제로 그랬다! (서던이 지적하듯이) 『생애』의 저자는 이런 말을 비판으로 받아들이지 않았을 것이다. 그는 에드워드 왕가의 입지를 깎아내릴 의향이 전혀 없었으므로 노르만족의 정복을 언급하지 않았지만, 그럼에도 역사의 수사학 규칙을 준수했다. 그가 '사실'을 가볍게 다루면서 수사학을 구사했던 것은 속임수나 농간이 아니라 일종의 타당한 역사서술 **방법**이었다. 중세 저술가들을 되돌아보는 현대 역사가들은 그들을 얼마나 믿을 수 있느냐는 의문에 부딪히곤 한다(사료와 신뢰라는 문제는 뒤에서 논할 것이다). 그러나 『생애』의 저자는 이것을 무례한 의문으로 여겼을 것이다. 그가 보기에 자신은 진실을 말하고 있었기 때문이다. 널리 인정받는 역사의 수사학 규칙에 따라 마땅히 써야 하는 대로 실제로 쓴 역사보다 더 신뢰할 만한 역사가 있을까?

사실 우리가 보기에 『생애』는 서기 1000년을 전후로 쓰인 다른 많은 역사보다 훨씬 신뢰할 만하다. 일부 역사가는 수사학 관념만이 아니라 고전 문헌의 세세한 점까지 본보기 삼았다. 랭스의 수도사 리셰(Richer, 998년경 사망)는 골(Gaul) 지역의 역사를 썼다. 리셰가 이용한 사료는 그의 수도원에서 손닿는 곳에 있었던, 과거 역사가 플로도아(Flodoard)가 남긴 저작이었다. 리셰의 방법은 키케로와 살루스티우스가 권한 쉽고 유려한 문체를 목표로 삼아 플로도아의 글을 한층 '고전적'인 문체로 고쳐쓰는 것이었다. 리셰가 등한시했기 때문에 사실들—플로도아가 제시한 사실들—은 혼자 힘으로 살아남아야 했다. '즐거운' 고전적 암시가 등장할 때면 리셰는 그런 암시를 편들고 현실에 대한 다소 지루한 서술을 도외시했다. 리셰는 카페 왕조의 초기 왕들을 로마 시대의 황제처럼, 토가를 입은(실제로는 더 많이 껴입었을 것이고 로마 황제만큼 잘 차려입지 못했을 것이다) 제국의 입법자처럼 제시했다. 그렇지만 리셰는 문체가 내용을 압도하는 것에 어떤 문제가 있음을 인정하지 않았을 것이다. 핵심은 (다른 많은 역사가들처럼) 리셰가 즐거움을 주기 위해 이야기를 말하고 있었다는 것이다.

중세에 수사학은 줄곧 역사서술의 한 요소였지만 다른 요소들도 등장하기 시작했다. 중세에 역사가들이 받아들인 도구로는 작문과 수사학의 고전적 모형, 과거의 사건에 대한 구술 자료, 연표, 연대기 등이 있었다. 역사 저술은 자신의 목적에 이바지하는 이런 요소들을 꿰매는 문제에 지나지 않는 경우가 많았다. 그렇지만 상황이 바뀌기 시작했다. 맘즈베리 수도원의 사서였던 맘즈베리의 윌리엄(William of Malmesbury, 1095~1143)은 역사 저작을 여럿 남겼다. 윌리엄의 방법은 근대적으로 보여 우리의 흥미를 끈다. 윌리엄은 사료와 문헌을 찾아냈고(역사가라면 마땅히 그래야 하듯이 이런 사료를 신중하게 인용했다), 근래에 일어난 사건을 조사하기 위해 사람들과 이야기를 나누었다. 게다가 비판적이고 의심이 많았다—근대 역사가의 두 가지 '덕목'이다. 윌리엄은 "허황된 상상으로 독자들의 기대를 저버리는 것처럼 보이지 않으려면 의심스러운 사안은 모두 내버려두고 실질적인 진실들의 관계로 나아가야 할 것이다"라고 썼다.

　윌리엄의 목적은 객관성과 편향되지 않은 서술이었지만, 두 가지가 이 목적을 방해했다. 윌리엄은 사료에 비판적이면서도 사료를 따를 수밖에 없었고, 그 결과 사료의 달갑지 않은 편향이 그의 서술에 자주 포함되었다. 그리고 윌리엄은 일어난 일을 말하는 데 그치지 않고 그 일을 설명하고자 했다. 설명은 추측(타당하게 추측하는 기술은 근대 역사가의 셋째 덕목이다)을 수반했고, 추측은 다시 인간의 본성에 대한 이론을 필요로 했다. 윌리엄은 사람들이 보통 사리사욕에 따라 행동한다고 믿었다. 윌리엄은 이기적인 행동을 비난하지 않았지만, 사건의 원인을 설명할 때면 이런 인간론에 자주 의존했다. 이 역시 근대 역사가에게 익숙한 생각이다(우리는 아무도 신뢰하지 않는다!). 그러나 이처럼 의심하는 태도가 곧 객관성인 것은 아니며, 인간 본성에 대한 윌리엄의 서술은 우리의 서술과 사뭇 다르다. 윌리엄은 인간 본성을 무정하게 재단했지만, 인물들이 계획을 세웠음에도 운명에 의해 몰락했으며 선한 기독교도답게 임종 자리에서 참회했다고 자주 묘사했다. 역사에 대한 윌리엄의 서술—그가 생각한 역사의 *의미*—은 인간사에 영향을 끼치는 궁극적인 원천, 인간사의 궁극적인 원인이

신이라는 생각을 내포한다.

12세기와 13세기에는 역사서술의 고전적 모형이라는 틀에서 탈피하려는 움직임이 나타났다. 급성장하는 일군의 세속적·종교적 문인들이 역사를 쓰기 시작했다. 역사서술의 주제는 점차 넓어져 '국사'와 '세계사'(매튜 패리스Matthew Paris의 흥미롭고 편향된 저작처럼), 기사도적 역사(15세기 장 프루아사르Jean Froissart의 『연대기Chronicles』처럼)까지 포함하게 되었다. 역사는 여전히 특정한 목적을 위해(후원자에게 아첨하거나 도시를 찬미하거나 군주를 칭송하기 위해) 쓰였지만, 그 목적은 갈수록 넓어지고 다양해지고 있었다. 문체와 방법 역시 다양해졌다. 프루아사르는 귀족들을 즐겁게 해주고 치켜세우기 위해 썼으며, 그런 까닭에 그의 역사는 다분히 허구적으로 보인다. 플랑드르 백작 살해에 관해 쓴 브뤼주의 갈베르(Galbert of Bruges)는 자국에서 일어난 사건의 중요성을 이해하려 했으며, 그런 까닭에 그의 역사는 극히 신중하고 정확하다.

이제 14세기를 살펴보자.

나 조반니(빌라니—저자주), 피렌체 시민은…… 이처럼 유명한 도시의 뿌리와 기원, 불리한 변화와 행복한 변화, 과거의 사건을 상술하고 기념해…… 후대 사람들에게 변화와 사태, 그 이유와 원인의 실례를 제시하고, 그리하여 그들이 우리 공화국의 이로움과 안정을 위해 덕을 실천하고 악덕을 피하고 강한 영혼으로 역경을 견디게 해야 한다고 생각한다.

　이탈리아, 특히 피렌체는 다시 한번 고대 그리스, 로마와 사랑에 빠지기 시작했다. 고전 전통은 사라진 적이 결코 없었으며, 오히려 14세기 후반부터 이탈리아인들은 자기네가 이전 세기들은 결코 해내지 못했던 방식으로 고대 지혜의 영광을 재발견하고 갱신했다고 굳게 믿었다. 이 확신은 역사서술에 다방면으로 영향을 끼쳤다. 우선 빌라니의 피렌체 연대기 서론이 보여주듯이, 과거로부터 철학적 교훈을 배운다는 생각이 다시 한번 호응을 얻었다. 뒤에서 이탈리아 연대기들을 읽을 때 다시 살펴볼 고전적 사유의 다른 요소들도 귀환했다. 운명은 사건을 좌우하며 부유하고 유명한 이들을 몰락시키는 경향이 있다, 역사는 정치가와 통치자를 위한 선례의 창고다, 키케로식 수사학은 역사가의 문체에 필수적이다 등등이 그런 요소였다. 그리고 도시마다 자기네와 고대를 연결하는 고유한 서술을 원했던 까닭에 역사 저작물이 급증했다.

　물론 우리는 지금 르네상스에 관해 말하는 중이다. 르네상스는 당대 저술가들이 사용한 용어가 아니었다. 그러나 그들은 자기네가 살아가는 '현대'는 고대와 연결되므로 지나간 시대와 본질적으로 다르다고 확신했다. 역사가들은 피렌체가 고대 로마의 직계 후손이고 이탈리아 시민들이 고전적 사유의 진정한 계승자임을 보여주는 일에 나섰다. 이처럼 역사를 저술할 새로운 동기가 생기자 과거의 관념이—거의 우연히—엄청나게 변했다. 역사가들은 더이상 당대를 인류의 일곱 단계에서 여섯번째 단계로 보지 않았다. 이제 그들(그리고 우리)은 세 시대, 즉 고대, 중세, 근대에 관해 말했다. 그들에게 중세—'암흑시대'—는 열등한 시대였다. 15세기와 16세기에 중세사 저작들이 고대에 관한 정보를 준다는 이유로 필사되어 출간되긴 했지만, 전반적인 분위기는 4세기부터 14세기까지 아주 중요한 일이 전혀 일어나지 않았다는 것이었다.

되살아난 고대의 학식은 역사 외에 다른 영역들에도 영향을 끼쳤다. 사실 역사서술은 다시 한번 철학과 시의 부분집합이 되어가고 있었을 것이다. 16세기를 지나면서 수사학이 지배적인 뮤즈의 위치에 올랐다. 문체가 다시 한번 내용을 정복했다. 역사는 아름답게 쓰여야 할 뿐 아니라 그 '위엄'에 걸맞은 사건과 인물만을 다루어야 했다. '일상'에 대한 역사가들의 관심은 농촌 아낙네를 그리면서 그들을 응시한 위대한 예술가들의 관심만도 못했다.

수사학과 더불어 특정한 기성 형식들(바로크 음악의 반쯤 형식화된 카덴차[cadenza: 악곡이나 악장을 마치기 직전에 독주자나 독창자가 화려한 기교를 발휘하는 무반주 부분] 같은)도 주목을 받았다. 역사가들은 고전적 모형을 무작정 모방해 위대한 인물의 '성격'과 상상을 가미한 과장된 전투 장면, 그리고 무엇보다도 위대한 연설을 묘사했다. 그들의 서술에서 르네상스 시대의 역사적 인물들은 특히 전투를 시작하기에 앞서 셰익스피어 작품의 주인공처럼 박력 있는 수사를 구사하며 아주 길게 말하곤 했다. 어느 역사가가 묘사한 장군은 이렇게 말을 시작한다.

> 나의 충직한 병사들과 좋은 친구들이여, 지금이야말로 바르나에서 재앙과도 같은 패배를 당해 여러분이 뒤집어썼을 오명의 때를 말끔히 씻어낼 때다. 지금이야말로 여러분이 충직하고 용맹하다는 평판을 되찾고 저 저주받은 튀르크족과 신앙심 없는 마호메트 교파에게 당한 수많은 비행과 상해를 앙갚음할 때다.

장군은 폭정, 자유, 아내, 자식, 고국, 신 등을 들먹이며 한참 동안 말을 이어간다. 튀르크족은 전투를 시작하기에 앞서 장황한 연설이 끝나기를 끈기 있게 기다리고 있었거나 그들 나름의 정형화된 연설을 즐기고 있었을 것이다.

16세기 종교개혁으로 기독교가 분열된 이후 수사학은 다시 한번 종교적 논쟁과 손을 잡았다. 개신교 역사가들은 첫째로 자기네 종교에 루터보다 훨씬 오래된 선례들(공교롭게도 중세 이단자들을 포함하는 선례들)이 있었다고 주장하기 위해, 둘째로 로마 가톨릭교회가 아주 오랫동안 타락했다고 주장하기 위해 역사를 이용했다. 가톨릭 역사가들은 다른 방향에서 반격했다. 몇몇 영역에서 이런 역사서술 싸움은 결코 사라지지 않았다. 그러나 역사가들은 분명 자신에게 유리한 대로 '역사'를 이용하고 있었다.

그 역사가들에게는 이것이 핵심이었다. 그러나 그들 당대에는 비판이 제기되지 않았다. 역사가 허구화되거나 편향되고 있다면 '사실'처럼 따분한 것을 고집해봐야 무슨 소용이 있겠는가? 그리고 철학적 진실―실제로 일어난 일보다 '고귀한' 진실―을 말하는 일이 중요하다면, 그런 일은 이미 시가 더 잘하고 있지 않은가? 이런 의구심이 근대 초기 논객들뿐 아니라 고대 역사가들과 모든 종류의 역사까지 겨냥하기 시작했다. 필립 시드니(Philip Sidney, 1544~1586) 경은 비꼬는 투로 이렇게 썼다. "쥐가 파먹은 오래된 기록을 짊어진 채 역사에 근거해…… 스스로에게 권위를 부여하고, 풍문이라는 중요한 토대 위에 가장 큰 권위를 세우는…… 역사가." 역사는 얼마간 위기에 처해 있었다.

이 위기에 대응해 역사를 옹호하려는 일련의 저작들이 나타났다. 그중에서 장 보댕(Jean Bodin)의 『역사를 쉽게 이해하는 방법Methodus ad facilem historiarum cognitionem』(1566)을 한번 살

6. 이탈리아 용병 대장 바르톨로메오 콜레오니(Bartolomeo Colleoni) 기마상은 르네상스 시대에 영웅다운 자세를 좋아했음을 보여준다. (안드레아 델 베로키오, 1496)

7. 장 보댕, 『역사를 쉽게 이해하는 방법』의 저자.

펴보자.

역사를 찬미한 이들은 많지만…… 역사를 '인생의 스승'이라 일컬은 사람만큼 역사를 진실하고 적절하게 찬양한 이는 없었다.

이건 도발적인 발언이었다! 길고 상세하고 철저하게 방법론적인 책 전체에 걸쳐 보댕은 전쟁과 국사(國事), 통치를 올바로 행하는 법을 시회에 가르치는 데 역사가 필수적이라고 주장했다. 새롭지 않은 생각이었지만—헤로도토스를 상기하라—보댕의 이론적 적용은 무서우리만치 철저했다.『방법』은 신성한 역사, 자연사, 인간사의 관계에 대한 논의, 보편적인 것에서 특수한 것으로 나아가야 한다는 원칙에 입각해 무엇을 읽을지 결정하는 방법, 구약성서부터 최근 저자들까지 주제에 따라 배열한 포괄적인 역사가 명단(중세 저작들이 의아할 만큼 적긴 하지만), 그리고 무엇보다도 역사의 **독자**가 과거의 역사가들과 그들의 목적, 방법, 편향을 어떻게 의심해야 하는지 제시하는 장을 포함한다.

의심하는 정신이라는 덕목을 갖추었던 보댕은 아주 '근대적'으로 보인다. 그러나 차이점도 있다.『방법』의 많은 부분은 역사와 점성술, 체액 이론, 수비학(數祕學)에 근거해 민족들의 지리적 특징을 분별하는 일과 관련이 있다. 보댕의 방법이 목표로 삼은 '진실'은 본질적으로 보아 후기 르네상스 시대의 '과학적' 학식을 통해 판독한 신의 신성한 계획이었다. 이런 점들은 대부분 오늘날 우리에게 기이하게 보인다. 그럼에도 보댕은 '진실'을 의제에 다시 올려놓았다.

이렇게 해서 16세기 말에 이르러 역사는 과거에 관한 '진실한 이야기'가 되는 것을 다시 한번 목표로 삼게 되었다. 각 시대마다 사람들이 각기 다른 방법으로 과거에 접근했음을 기억하는 것이 중요하다. 예컨대 그들은 그림, 음악, 물건, 시, 문학 등을 통해 과거에 접근했다.

이 장에서 말한 이야기의 한 부분은 역사 저술의 성분들이 어디서 유래했는지 보여주는 것이었다. 그러나 서로 다른 사람들에게는 '역사'의 의미가 언제나 달랐음을 보여주는 것도 이 장의 한 부분이었다.

이 장을 사람들이 과거에 관해 쓰는 일에 점점 익숙해지고 능숙해진다는 '진보' 이야기로 읽어서는 안 된다. 그렇게 읽는다면 요점을 놓치는 셈이다. 이 장에서 말한 역사가들은 모두 자신이 생각하는 과거를 최대한 잘 이해하려 시도했다. 우리는 현재 **우리의** 위치에서 일부 시도가 다른 시도보다 정확하다고 여길 것이다. 그러나 그럴 때 우리는 무엇이 '진실하다'는 **우리의** 생각에 따라 판단하는 것이다. 과거 사람들은 진실에 관해 우리와 다르게 생각했으며, 그들에게 중요했던 일은 이전 시대에 관한 진실한 이야기를 쓰는 것이었다.

그 이유 중 하나는 저자마다 역사를 쓰는 특수한 **목적**이 있었기 때문이다. 역사 저술은 자연스럽고도 필수적인 활동으로 제시되었으며, 역사와 사회의 관계는 개인과 기억의 관계와 같다고 여겨졌다. 역사는 분명 아주 강력하다. 그러나 나보니두스나 에우세비우스, 브뤼주의 갈베르, 조반니 빌라니를 되돌아보면, 사람들이 당대의 특수한 환경과 필요 때문에 과거에 관해 썼음을 알게 된다. 리처드 서던은 11세기와 17세기 초입에 특히 역사서술이 급증한 이유는 이 시기에 특정한 혼란과 불안을 경험했기 때문이라고 말했다. 이 시기에 역사는 사람들에게 정체성을 제공한다는 목적에 이바지했다. 이런 의미에서 역사는 기억과 비슷하다. 그러나 **누구**의 기억인가? 그리고 **무엇**을 기억할 것인가?

이 장에서 다룬 역사가들은 모두 한 영역—위대한 인물, 교회, 통치기구, 정치 등—을 기억하기로 선택하는 경향을 보였다. 이 패턴은 어느 정도 고대 그리스인들이 확립한 것이다. 그 주역은 한층 다양한 주제들에 관심을 기울였던 헤로도토스가 아니라 『펠로폰네소스 전쟁사History of the Peloponnesian War』를 쓴 투키디데스(Thucydides, 서기전 460년경~400년경)였다. 투키디데스는 다루기 까다로운 과거의 사료를 피하고 목격자의 증언과 자신의 전쟁 경험에 의존할 수 있는 최근 사건

8. 고대 그리스 역사가 헤로도토스와 투키디데스의 이중 흉상. 헤로도토스는 이야기와 민족에, 투키디데스는 정치와 국가에 관심을 두었다.

들에만 집중했다. 투키디데스는 다음과 같은 말로 선행하는 역사가 헤로도토스의 서술을 에둘러 바로잡으면서 암묵적으로 그를 비판했다. "대부분의 사람들은 진리를 규명하고자 노력하지 않고, 전해오는 이야기라면 무엇이든 받아들인다." 투키디데스는 역사가 정치와 국가 말고는 아무것도 다루지 않는다고 단도직입적으로 말했다. 아르날도 모밀리아노(Arnaldo Momigliano, 현대 저자)는 투키디데스가 정치사의 탑에 칩거하면서 우리까지 전부 가두려 했다고 말했다. 우리가 이 탑에서 탈출한 과정은 다음 장에서 다루겠다.

제 3 장

"그것은 실제로 어떠했는가"

―진실, 문서고, 옛것에 대한 애정

역사 ― History

1885년, 레오폴트 폰 랑케(Leopold von Ranke)는 90세 나이에 베를린의 자택 방에 앉아 생애 마지막 역사 저작을 채우고 있었다. 랑케는 더는 읽지 못했고, 기억력이 쇠퇴하고 있었으며, 글을 쓰기가 어려웠다. 랑케는 헌신적인 조수들로 하여금 자기 말을 받아쓰게 하는 식으로 역사가로서의 삶을 간략하게 서술했다. 랑케는 청년 시절 역사에 관심을 두게 된 계기들에 대해 말했다. 대학 강사들, 철학책 독서, 월터 스콧(Walter Scott) 경의 역사소설을 즐긴 경험이 그 계기들이었다. 마지막 계기에 대해 랑케는 이렇게 썼다.

나는 이 작품들을 무척 흥미롭게 읽었다. 그러나 이의를 제기하기도 했다. 무엇보다 나는 용맹공 샤를과 루이 11세를 다루는 방식이 불쾌했는데, 그 방식은 역사적 증거에 완전히 반하는 것처럼…… 보였다. 당대의 기록들을…… 연구한 나는 스콧이 묘사한 용맹공 샤를이나 루이 11세는 존재한 적이 없다고 확신하게 되었다. …… 나는 대조를 통해 사료들 자체가 낭만적인 소설보다 더 아름답고 어쨌든 더 흥미롭다는 확신에 이르렀다. 나는 소설에서 완전히 등을 돌렸고, 나의 저작에서 날조와 상상을 일체 배제하고 사실을 엄격히 고수하기로 결심했다.

랑케는 근대 역사서술의 아버지로 일컬어지곤 한다. 이처럼 랑케가 아버지로서 유산을 물려주었다고 생각하는 주된 이유는 그가 '증거'에 호소했거니와, 역사가가 문서고에 부지런히 되돌아간다면 '과학적'이고 '객관적'인 역사를 산출할 수 있고 또 산출해야 한다고 요구했기 때문이다. 랑케의 역사철학은 자주 인용되는 다음 구절에 담겨 있다. "그것이 실제로 어떠했는지만 말하라."

이 장에서 나는 랑케를 우리의 출발점이자 도착점으로 이용할 것이다. (앞으로 살펴보겠지만) 랑케의 아버지 자격에 의문을 제기해야 할 타당한 이유들이 있다. (내가 주장할 것처럼) 랑케가 여전히 누리고 있는 아버지로서의 영향력에서 어느

9. 역사학계의 원로였던 레오폴트 폰 랑케의 노년 모습.

정도 벗어나야 할 타당한 이유들도 있다. 그러나 증거에 의거한 진실을 철저히 고수한 영예로운 인생을 상기하고 마음속에 그려보고 있던 노년의 랑케는 유익한 종점이기도 하다. '객관적' 역사를 믿었다는 점에서 랑케는 지난 장에서 만난 저자들과 달리 분명 '근대적'으로 보인다. 이 얇은 책의 목표에 맞게 나는 랑케를 근대 역사서술의 시작으로 이용하고, 나머지 장들에서 랑케 **이후**의 역사적 사유를 주제별로 설명할 것이다.

그러니 이 장에서는 16세기부터 19세기 말까지 역사서술의 발전을 일부 이야기할 것이다. 이건 복잡한 이야기다. 스스로를 '역사가'로 인식하지 않았을 테지만 그럼에도 오늘날 우리가 말하는 '역사'에 특정한 요소들을 더해준 학자들을 우리는 여럿 만나볼 것이다. 우리의 과제를 단순화하기 위해 여정의 이정표가 되어줄 주제를 몇 가지 들어보면 진실 문제, 역사적 문헌을 이용하는 방법 문제, 과거와 현재의 '차이' 문제가 있다. 나머지 장들에서 이 주제들 각각을 더 깊이 탐구할 것이다. 당분간 이 주제들은 우리 여정의 이정표로 기능할 것이다.

지난 장 끝부분에서 '역사'는 16세기에 역사를 부정확하고 쓸모없는 것으로 여긴 회의론자들('피론주의자들')에 포위당한 처지였다. 그들이 매도한 '역사'는 대부분 **수사학적** 역사였다. 다시 말해 고전적인 작문 원칙을 준수하고, 섬세하게 다듬은 서사를 제공하는 동시에 과거의 정치적 사건에서 본받을 만한 '교훈'을 이끌어내려는 역사였다. 장 보댕은 철학적·신학적 입장에서 역사를 옹호했다. 그러나 사뭇 다른 입장에서 역사를 옹호한 이들도 있었으며, 그들의 방법과 목적은 여러 면에서 문헌에 의거한 정확성을 추구한 랑케의 전조였다.

역사의 '진실'을 옹호하도록 처음 추동한 것은 (초기 기독교 시대와 마찬가지로) 종교적 분쟁이었다. 객관적 진실을 산출하도록 고안된 도구가 가장 포괄적인 편향인 신앙 덕분에 발전했다는 말이 이상하게 들릴지도 모르겠다. 그러나 16세기와 17세기를 돌아보면, 벗어날 수 없는 연속체 안에서 사실적 '진실'과 종교적 '진리'가 서로 묶여 있었음을 알게 된다. 과거에 관한 진실만이 아니라 신의 진리 역시 관건이었던 것이다.

개신교도와 가톨릭교도 모두 상대편에 맞서 자기네 권위를 뒷받침하기 위해 역사에 의존했다. 개신교 쪽은 자기네 교리가 더 오래되었다고 주장하거나 로마 가톨릭교회를 비방하기 위해 역사를 특히 당파적 무기로 이용했다. 개신교에 비해 안전한 과거를 가지고 있던 가톨릭 쪽은 한층 건설적인 방식으로 역사에 접근했다. 다시 말해 자기네 과거로 되돌아가 정당성의 근거를 찾음으로써 신앙을 강화하려 했다. 양편의 필자들은 전거인 문헌에 의존했다. 예를 들어 개신교 학자 플라치우스 일리리쿠스(Flacius Illyricus)는 16세기 중엽 연구자 무리를 조직했다. 그들은 로마 가톨릭이 '타락'해온 오랜 역사를 입증하고 마르틴 루터 이전에 (공교롭게도 제1장에서 살펴본 중세 이단들을 포함하는) '개신교도들'이 있었다고 주장하기 위해 중세 문헌들을 필사하고 대조했다. 가톨릭 쪽에서는 17세기 중엽 교회 학자 집단인 볼랑회(Bollandists)와 모르회(Maurists)가 기념비적인 『성인 열전Acta Sanctorum』 같은 교회사와 순교사를 편찬했다. 이 학자들과 여타 비슷한 이들은 문헌 증거를 대규모로 활용했다. 그렇지만 그들의 방법은 비교적 단순했다. 적에 맞서 보루로서 기능할 증거를 산더미처럼 모으는 것이 그 방법의 요점이었다.

이보다 한결 복잡했던 것은 골동품 연구자들이 수행한 문헌 분석이었다. 오늘날 '골동품 연구자'라는 표현에는 순진하게 또는 단순하게 과거에 사로잡힌 사람이라는 부정적인 함의가 있다. 이런 적대적 견해는 먼 옛날부터 이따금 표명되었다. 1628년, 존 얼(John Earle)이라는 사람이 (아마도 농담조로) 골동품 연구자를 가리켜 이렇게 말했다. "옛 시대와 주름에 홀딱 빠지는 괴이한 병에 걸려 있고 (네덜란드인이 치즈를 좋아하듯이) 곰팡이와 좀이 슨 것이라면 뭐든지 좋아하고 더 많이 슬었을수록 오히려 더 좋아하는 사람." 골동품 연구자들은 과거를 사랑했다. 이 점에서 '골동품 연구자'와 '역사가' 사이에는 중요한 차이가 있다. 우리는 이 용어들이 뚜렷이 구별되

10. "곰팡이와 좀이 슨" 올레 보름(Ole Worm)의 진귀품 진열실(1655).

는 학자 집단들을 가리킨다고 상상해서는 안 된다. 사실 이들은 서로에게 글을 보냈고 자기들이 공통 활동에 관여한다고 생각했다. 그럼에도 대략적으로 일반화하자면, '역사가들'은 장대하고 교육적인 이야기라는 키케로식 모형의 영향을 받아 폭넓고 재미있는 역사를 썼다. 이에 반해 골동품 연구자들은 과거의 어느 시대든 그들이 좋아하는 시대와 연관된 물품들을 가능한 한 모조리 수집했다. 그들은 장대한 이야기를 말하러 했다기보다 골동품을 향한 열렬한 사랑을 표현하려 했다.

그러나 잔존하는 문헌과 자료를 매개로 과거를 다루는 도구를 개발한 쪽은 수많은 영역을 전공하던 골동품 연구자들이었다. 여기서 우리의 두번째 주제, 즉 문헌의 이용이 등장한다. 이와 관련해서도 변화를 처음 고무한 것은 역시 종교였다. 1439년, 로렌초 발라(Lorenzo Valla, 1406~1457)는 그리스도 이후 1,400년 동안 가장 유명했을 문서에 대해 역사상 가장 유명할 문서 분석을 내놓았다. 그 문서는 4세기에 로마 황제가 기독교 교회에 선물과 권리를 증여했음을 기록하고 있다는 '콘스탄티누스의 기증장'이었다. 이 '기증장'은 중세 내내 교회의 무기고에서 가장 강력한 무기였다. 발라는 이것이 위조문서임을 입증했다.

발라에 앞서 다른 이들 역시 적어도 12세기부터 '기증장'에 의문을 제기했다. 그러나 발라는 새로운 방식으로 비판했다(발라가 교황직에 **상처를 입힐** 작정으로 분석에 나섰다는 것에 유념해야 한다). 발라는 이 문서의 **언어**에 집중했다. 이 문서에 쓰인 라틴어의 문체와 미세한 특징을 분석한 발라는 다음과 같은 화려한 웅변조로 '기증장'이 중세에 위조된 문서라고 결론지었다.

> 언어의 야만성을 들어 이 아첨꾼(위조자—저자주)을 꾸짖읍시다. 그의 멍청한 언어로 말미암아 그의 기괴한 몰염치와 그의 거짓말이 여실히 드러나기 때문입니다!

'문헌학자', 언어학자였던 발라는 '기증장'의 라틴어가 이 문서가 쓰였다고 하는 4세기의 '고전적' 라틴어와 조금도 비슷하지 않다는 데 주목했다. 발라가 이 문서의 라틴어를 가리켜 '야만적'이라고 말한 이유는 르네상스 시대의 대다수 학자들과 마찬가지로 고대 말기부터 자기 시대 사이에 존재했던 모든 것을 학식과 품위의 쇠퇴로 보았기 때문이다. 그러므로 발라를 움직인 것은 두 가지 편견, 즉 종교에 대한 편견과 언어의 순수성에 대한 편견이었던 셈이다. 그러나 이처럼 문헌학을 역사적 문서에 적용한 결과, 과거를 다루는 방법에 두 가지 새로운 생각이 추가되었다. 첫째 생각은 문서 자체의 특징에 근거해 문서를 비판할 수 있고, 따라서 무엇이 역사적 기록의 '진실'을 구성하느냐는 문제에 대한 기준을 몇 가지 세울 수 있다는 것이었다. 둘째 생각은 언어가(따라서 문화가) 역사적 시대에 따라 **바뀌었다는** 것, 시간이 흐르는 가운데 통치 엘리트층의 운명만이 아니라 사람들이 말하고 생활하는 방식 또한 변했다는 것이었다.

이런 생각은 로마 교회에 대한 공격을 넘어 과거가 현재와 어떻게 다르냐는 우리의 세번째 주제와도 연결된다. 발라는 사회의 형성에서 언어가 지극히 중요하다고 보았다. 발라는 라틴어로 말한 곳이면 그게 어디든 로마 '제국'으로 여겼는데, 로마인을 특별하게 만든 근본적인 요소들이 그들이 말한 언어, 그들이 세상을 이해한 방식과 한데 얽혀 있다고 생각했기 때문이다. 따라서 발라는 진지한 문헌 분석이라는 길에 이정표를 세웠을 뿐 아니라 언어와 문화에 대한 연구를 역사에 재도입하기까지 했다. 정치적 '사건' 외에 다른 것들도 역사에 포함된다는 생각은 투키디데스의 정치사의 탑에서 처음으로 탈출한 생각이었다.

이런 생각들과 그 함의가 발라와 더불어 만개하거나 역사 서술 관행의 즉각적인 혁명으로 귀결된 것은 아니다. 발라는 '역사가'가 아니었고, 이런 주제들을 발전시킨 사람들도 마찬가지였다. 그들은 라틴어의 변화를 연구하는 문헌학자, 로마법을 순화하려는 학자, 오래된 동전을 이용해 고대의 새로운 상을 재구성하는 화폐 연구자, 특정한 지리적 영역의 과거 역사와 관련된 세부사실을 모조리 긁어모으는 지역지리학자였다. 존 디(John dee, 1527~1608)는 지역지리학(chorography)을 "영지나 땅의 구획"을 기술하는 활동으로 규정했다. 이 활동은 "눈에 보이는 지상에서 주목할 만한 것이나 특이한 것을…… 빠뜨리지 않는다. 그뿐 아니라 때로는 금속 광산, 탄갱, 채석장 같은 지하의 것들에 대해 어떤 특별한 표시나 경고를 한다". 아주 명확한 설명은 아닐 테지만, 디는 지역지리학자였을 뿐 아니라 흑마술사이기도 했고, 엘리자베스 1세의 은밀한 활동에도 관여했던 듯하다. 그러니 디가 신비한 것으로 기울었다 해도 놀랄 이유는 없다.

16세기 후반과 17세기에 문헌학자와 화폐 연구자, 지역지리학자가 "곰팡이와 좀이 슨" 것들에 대한 열정을 공유하기 위해 한데 뭉침에 따라 유럽 각지에서 골동품 연구의 인기는 갈수록 높아졌다. 심지어 19세기에도 아마추어 학자들은 이런 골동품 연구자들을 회고하며 이들이 자기네 선조라고 주장했다. 오늘날 역사가들이 활용하는 편집된 문헌 중 상당수가 이런 빅토리아 시대 단체들의 산물이다. 그런 단체로는 캠던 협회(Camden Society), 케임브리지 골동품 연구회(Cambridge Antiquarian Society), 더그데일 협회(Dugdale Society) 등이 있었다. 캠던 협회라는 단체명은 영국

11. 골동품 연구자 윌리엄 캠던.

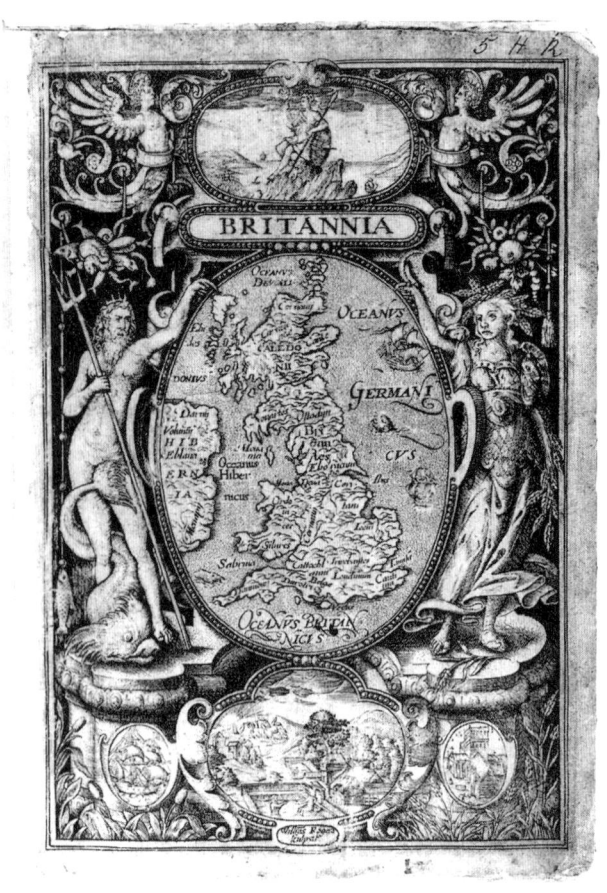

12. 브리튼 섬 지도. 캠던의 『브리타니아』(1607년 판)에 수록.

의 가장 유명한 골동품 연구자 윌리엄 캠던(William Camden, 1551~1623)의 이름을 따서 지은 것이다. 캠던이 16세기 말에 쓴 방대한 저작 『브리타니아Britannia』는 잔존하는 증거를 토대로 로마 시대 브리튼 섬에 관해 알려진 모든 세부사실을 복원하는 것을 목표로 삼았다. 캠던의 목표와 그를 모방한 이들의 목표는 수사학적 역사라는 키케로식 모형의 영향을 받지 않았다. 캠던이 시도한 일은 이야기를 말하는 것이 아니라 조각들을 하나의 상으로 종합하는 것이었다. 그러나 역사적 증거―문헌과 물건 둘 다―에 대한 캠던의 헌신이 훗날 역사서술에 아주 철저하게 통합된 까닭에 현대 역사가들은 이 빚을 누구에게 지고 있는지 잊곤 한다.

골동품 연구자들은 문헌 자료를 조사할 도구를 우리에게 전해주었다. 한때 '피론주의적' 입장에서 역사에 도전한 이들은 역사적 서술의 부정확성을 지적했고, 그런 까닭에 역사적 문헌에 대한 믿음을 전부 버려야 한다고 주장했다. 특히 역사가들 자신이 이런 입장을 서서히 받아들이던 상황에서 골동품 연구자들은 과거 서술이 정확한 것인지 비판하는 방법을 제시하면서도 과거 시대를 면밀히 분석함으로써 허튼소리 중에서 진실을 가려낼 수 있다고 말했다. 프랑수아 보두앵(François Baudouin, 1590~1650)은 과거부터 당대까지 로마법이(따라서 통치체제가) 어떻게 변했는지 이해하려던 학자였다.

보두앵은 "역사에서 지어낸 이야기를 일소하기" 위해 역사 연구를 법학과 결합할 가능성을 모색했다. 역사가가 **법률가**처럼 상충하는 서술들 사이에서 균형을 잡고, 사건들의 정확한 연쇄를 확증하려 노력하고, 냉정하고 객관적으로 의심하는 태도로 '증인'(문헌)을 대해야 한다고 보두앵은 말했다. 이 말이 묘하게 익숙할지도 모르겠다. 학창 시절 나는 분명 역사가가 범죄를 조사하는 탐정과 비슷하다고 배웠다(더 흥미롭게 들리기 때문에 이렇게 가르쳤을 것이다). 법률가는 보두앵 당대의 '탐정'이었다.

이런 식의 '객관성' 주장에 완전히 설득당해서는 안 된다. 일부 역사가를 추동한 것은 종교 전쟁이었다. 예를 들어 17세기 초 자크 오귀스트 드 투(Jacques-Auguste de Thou, 1553~1617)의 저술은 (성공하진 못했지만) 유럽의 역사에 대한 '정직한' 서술을 제공함으로써 종교 분쟁을 가라앉히고 프랑스에 안정을 가져오려는 시도였다. 장 뒤 티예(Jean du Tillet, 1570년 사망) 같은 이들은 게르만족이 역사로 보나 문헌학으로 보나 프랑크족에서 유래했음을 입증하려는 민족주의적 욕구에 이끌려 문서고 연구를 수행했다(당시 게르만족은 가장 오랜 민족으로서 칭송받고 있었다). 따라서 그들에게는 동기가 있었다. 그러나 그들은 우리가 물려받은 새로운 방법과 도구를 만들어냈다. 그들은 문서고에서 원본 사료를 가지고 작업했다. 그들은 후대의 서술과 '목격자'의 증언이 다르다는 것을 확인했다. 그들은 역사의 시대들이 모두 똑같지 않다는 것, 과거 사람들이 사용한 언어를 분석함으로써 그들이 세계에 대해 이해한 바를 표현한 상이한 방식들에 접근할 수 있다는 것을 인식했다. 그리고 그들은 잘못을 바로잡고 '올바로' 이해하려 했다. 예를 들어 드 투는 유럽 각지의 학자들에게 자기 저작의 초안을 동봉한 편지를 보냈는데, 그들이 부정확한 부분을 지적해주고, 빠뜨린 세부사실을 채워주고, 특정한 문제가 참인지 거짓인지 입증할 증거를 제공해주기를 바랐기 때문이다. 르네상스 시대까지 역사는 작문하는 무언가였다. 연구하고 조사하는 방법들이 알려진 르네상스 시대 이후 역사는 갈수록 **탐구하는** 무언가가 되어갔다.

여기서 약술한 변화는, 제2장에서 언급한 역사가들은 '진실한 이야기'를 창작하고 있었던 데 반해 이 장에서 언급한 역사가들은 '**진실한** 이야기'를 지향했음을 시사하는 것인지도 모른다. 사료를 이용하는 방법과 원칙이 발달하고, 증거를 통해 역사의 '진실'을 입증할 수 있음을 밝히려 했던 시기는 발라부터 보두앵에 이르는 시기였다. 이런 변화의 한 가지 효과는 과거와 현재가 어떻게 다른지를 더 예민하게 이해하게 되었다는 것이다. 그렇지만 16세기와 17세기 골동품 연구자들의 진취적인 활동 이후 '진실'을 강조하는 입장이 보편적 지지를 받은 것은 아니라는 데 유의해야 한다. 역사가들이 '진실'과 '이야기하기'라는 두 극단 사이에서 끊임없이 흔들린다는 것을 생각해보면, 지금 우리 이야기의 복잡하고 서로 뒤얽힌 가닥들을 더 깊이 이해할 수 있을 것이다.

보통 '계몽주의'와 관련지어 생각하는 18세기에 접어들 무렵에는 역사의 '진실한 이야기들'이 철학의 문제들과 연결되고 있었다. 이 새로운 지향은 과거 시대와 역사적 문헌에 대한 역사가의 견해에 영향을 끼쳤다. 볼테르(Voltaire, 1694~1778)는 이렇게 말했다.

세부에 화 미치질진저! 후손들은 세부를 깡그리 무시할 것이다. 세부는 대작을 갉아먹는 일종의 해충이다.

이처럼 역사적 세부를 명백히 거부한 볼테르의 말을 들노라면 계몽주의 학자들이 역사를 거부한 피론주의적 입장으로 되돌아갔던 것은 아닌가 하는 의구심이 든다. 실제로 역사가들이 선조들에 맞서 스스로를 규정하려 했던 19세기에는 계몽주의에 대한 이런 견해가 널리 받아들여졌다. 그러나 우리가 18세기에 보게 되는 것은 사뭇 다른 추동력, 즉 계몽주의 사상가들이 관심을 두었던 주제들—이성, 자연, 인간—과 역사를 연관지으려던 욕구다. 볼테르, 데이비드 흄(David

13. 역사가, 문인, 철학자, 극작가, 전형적인 계몽주의 학자였던 볼테르.

Hume), 잠바티스타 비코(Giambattista Vico), 마르키 드 콩도르세(Marquis de Condorcet) 같은 저술가들은 인간 존재의 본성과 인간을 둘러싼 세계의 작동에 관한 '중대한' 물음을 제기하기 위해 과거에 대한 연구를 이용했다. 그들의 관심사에 힘입어 투키디데스의 탑에서 두번째 탈출이 이루어졌다. 자연과학 분야에서 과학자들이 새로운 현상을 자기네 관점에서 파악하고 있던 것과 꼭 마찬가지로, 철학으로 기울어진 역사가들은 축적된 사실과 정치적 사건만 다루는 것으로는 불충분하다고 생각했다. 세계—현재 세계와 과거 세계 둘 다—는 무엇보다 **복잡한** 곳이었다. 계몽주의 역사가들은 통치 엘리트층의 결정만이 아니라 지리와 기후, 경제, 사회의 구성, 사람들의 특징에도 관심을 기울였다. 과학자들이 자연세계에서 현상들 간의 믿기 어려운 연관성을 지적할 수 있다면, 역사가들도 그들과 유사하게 복잡한 방식으로 과거를 이해하려 노력해야 했다.

계몽주의 시대의 '단일한' 역사관에 관해 말하기는 아주 어렵다. 18세기의 다른 모든 지적 영역과 마찬가지로, 계몽주의의 특징은 단일한 사유 유형이라기보다 이질성과 논쟁을 즐기는 태도였다. (라이어넬 고스먼Lionel Gossman은, '계몽주의'에 관해 말할 때 우리는 일반적으로 상정하는 일군의 원리가 아니라 '언어'나 공통적인 담화 유형을 떠올린다는 유익한 발언을 했다.) 그럼에도 우리는 역사서술의 변화 및 과거에 대한 이해와 관련이 있는 주요한 논제를 몇 가지 고를 수 있을 것이다.

첫째 논제는 과거 자체가 훨씬 길어졌다는 것이다. 식물학과 지질학이 발달한 결과, 다양한 사상가들은 구약성서가 인정할 만한 수준보다 세계가 훨씬 오래되었다는 결론에 이르렀다. 엿새 동안 천지 만물을 창조했다는 성서의 서술이 '진실'이라 해도, 문자 그대로 진실이 아니라 어디까지나 상징적인 진실일 뿐이었다. 이처럼 시간 자체가 확장되자—이 쟁점을 두고 의견이 분분하긴 했다—과거의 가정들은 불가피하게 도전에 직면했다. 이제 역사에서 신의 역할은 재규정되어야 했다. 일부 저술가들은 신을 그냥 배제해버렸다. 다른 저술가들은 '신의 섭리(Divine Providence)', 즉 인류 역사의 행로를 미묘하게 조종하고 그 역사의 목적인(目的因)으로 작용하는, 형언할 수 없는 완벽한 계획이 신의 역할이라고 상상했다. '섭리'는 모든 역사가에게 호소하진 못했으나 몇 가지 흥미로운 가정을 낳았다. 18세기 중엽 독일 역사가들은 일부 저술가들(재능이 특출하진 않았으나 널리 읽힌 요한 휘브너Johann Hübner 같은)이 '섭리'를 믿는 탓에 신의 현존을 암시하는 듯한 역사적 이야기라면 **무엇이든** 받아들인다고 지적했다. 예를 들어 휘브너는 자기가 쓴 마인츠의 역사에 '쥐의 탑' 이야기를 집어넣었다. 이 이야기에서 마인츠의 대주교 하토(Hatto)는 거지 여러

명을 산 채로 불태운 다음 "들어라! 내 쥐들이 찍찍대는 소리를 들어라!"라고 외친다. 그러자 공격적인 쥐 떼가 나타나 하토에게 달려들었고, 그가 라인 강 한가운데에 있는 탑으로 피신했음에도 쥐들이 쫓아가 결국 그를 잡아먹었다. 휘브너는 이 서술이 사실에 입각한 진실이라 주장했는데, 라인 강 한가운데에 실제로 '쥐의 탑'이 있었고, 이 이야기가 아주 오래된 데다 유명하고, 개구리 떼나 메뚜기 떼의 습격에 관한 성서의 이야기만큼이나 타당하며, 비슷한 사건이 823년 폴란드에서 일어났다(휘브너의 주장)는 것이 그 근거였다!

다행히 모든 역사가가 진실에 대한 이 방법론을 전폭적으로 수용한 것은 아니었다.

그러나 '섭리'를 포기한다 해도 역사가들에겐 여전히 인과관계 이론이 필요했다. 서로 경쟁하는 두 가지 모형, 즉 우연 모형과 위인(偉人) 모형이 그들에게 제시되었다. '우연' 이론을 지지한 이들은 어떠한 중대한 사건도 계획되거나 의도되지 않는다는 생각을 가지고 철학적 놀이를 했다. 예컨대 볼테르는 『브라만과 예수회 수사의 대화Dialogue between a Brahmin and a Jesuit』에서 앙리 4세 암살이 원인이 되어 브라만이 왼발 대신 오른발을 내딛기까지의 과정을 추적한다. '위인' 이론을 택한 이들은 걸출한 개인들이 사건을 일으키기 때문에 사건이 발생한다고 생각했다. (볼테르의 장난기 어린 유머감각을 놀랄 만큼 결여한) 이 진영의 극단적인 사례를 하나 들자면, 알렉산드로스대왕에 대한 요한 피히테(Johann Fichte, 1762~1814)의 언급이 있다.

그의 길 주위에 쓰러진 수천 명에 대해 내게 말하지 마라. 뒤이은 그의 요절에 대해 말하지 마라. 자신의 이념을 실현한 마당에 그에게 죽는 것보다 위대한 일이 있었겠는가?

쌍둥이 같은 두 가지 믿음, 즉 추상적·초역사적 현상으로서 '이성'이 발휘하는 압도적인 힘에 대한 믿음과 철학적 임무를 완수하려는 순수한 마음으로 불타오르는 천재의 역할에 대한 믿음은 놀랄 만큼 현대인들의 심금을 울린다.

계몽주의 시대에는 인간 본성의 초역사적 보편성에 대한 믿음도 제기되었다. 데이비드 흄(1711~1776)은 "인류는 시대와 장소를 막론하고 거의 동일한 까닭에 이 특수한 시공간에서 역사는 새롭거나 낯선 것을 전혀 알려주지 않는다. 역사의 주된 쓸모는 인간 본성의 변함없고 보편적인 원리들을 발견하는 것뿐이다"라고 말했다. 중세 역사가들은 과거가 현재와 다를 바 없다고 가정하곤 했지만, 흄은 조금 다른 것을 표현하고 있었다. 다시 말해 흄은 초역사적 유사성을 '가정'한다는 생각이 아니라 그런 유사성을 **발견**한다는 생각을 표현하고 있

14. 에드워드 기번. 다이애나 뷰클러크 자작부인의 작품으로 추정.

었다. 이 시기에 역사는 자연과학의 논리, 즉 세계는 본질적으로 정적이고 법칙의 지배를 받으며 신중한 탐구를 통해 이해할 수 있다고 믿는 논리의 영향을 받았다. 흄은 자연과학 연구와 유사하게 역사 연구를 통해 '인간 본성'을 구성하는 본질적 요소들을 밝혀낼 수 있다고 믿었다.

탐구라는 논제가 등장한 만큼 우리는 골동품 연구의 유산을 되짚어봐야 한다. 문헌의 세부와 시대들 간의 역사적 차이를 강조한 17세기의 골동품 연구는 여러 면에서 계몽주의 시대 초기의 한층 원대하고 철학적인 역사와 긴장 관계에 놓여 있었다. 그러나 18세기에는 이 두 요소를 합쳐 오늘날 우리가 아는 역사와 한결 비슷한 무언가로 융합한 사례도 있었다. 에드워드 기번(Edward Gibbon, 1737~1794)의 저작이 한 가지 위대한 사례다. 50만 단어 분량으로 고대 로마부터 중세 후기까지 다루는 『로마제국 쇠망사The History of the Decline and Fall of the Roman Empire』는 우리가 이제까지 언급한 그 어떤 역사서와도 다르다. 문명의 쇠락 과정을 분석한 기번의 시도는 전례가 없는 시도였을 테지만, 이 책의 주제는 새롭지 않았다. 기번이 골동품 연구자들의 기법에 분명히 빚지고 있었던 만큼 이 책의 방법론 역시 새롭지 않았다. 차이점은 바로 이 책이 오늘날에도 읽힌다는 사실이다.

조금은 솔직하지 못한 말이다. 더 오래전의 몇몇 다른 역사가들, 특히 고대 그리스 역사가들도 오늘날 읽힌다. 그리고 기번은 읽히긴 하지만 이제 신뢰를 많이 받진 못한다. 그러나 『로마제국 쇠망사』가 제시하는 것(그리고 북클럽들이 지금도 이 책의 넘칠 만큼 많은 판본들을 발행하는 이유)은 즐거움을 주기 위해 골동품 연구의 사료 분석을 키케로식 서사 양식 및 계몽주의 철학의 탐구와 융합한 역사다. 기번이 이들 영역 가운데 어느 하나에서 탁월했다는 말이 아니다. 기번은 문서고를 방문한 적이 없고 문헌을 인쇄한 판본들에만 의존했다. 기번의 글은 우아하지만 때로는 짓궂다. 아울러 『로마제국 쇠망사』의 큰 문제는 로마가 쇠락한 이유를, 또는 문명의 '멸망'이 실제로 무엇을 의미하는지를 우리에게 적절히 말해주지 않는다는 것이다. 그럼에도 기번은 최초는 아닐지언정 탐구하는 **역사가**의 가장 완전한 사례였을 것이다. 기번은 철학자도 아니고 연대기 편자도 아니고 지역지리학자나 골동품 연구자도 아닌 역사가였다.

나는 기번이 로마의 멸망을 '설명'하지 않는다고 말했다. 더 공정하게 말하자면 기번의 설명은 추상적인 분석이 아니라 축적되는 서사에 토대를 두고 있다. 기번은 우연 같은 단일한 인과관계 유형에 동의하지 않고 역사적 인과관계의 복잡성, 이질적인 요소들 간의 무수히 많은 연관성을 입증하려 한다. 『로마제국 쇠망사』에서 복잡성에 대한 이런 신념은 이론으로 언명되지 않고 암묵적인 논리로서 내포되어 있다. 그렇지만 18세기 후반과 19세기 전반의 역사가들, 특히 독일 역사가들은 그런 이론을 발전시키기 시작했다. 그들은 복잡성에 직면해 그저 설명을 단념한다는 이유로 '우연'에 대한 설명에 만족하지 못했고, '위인' 관점을 고수하는 이들의 철학과 정치를 신뢰하지 않았다. 스코틀랜드 저술가 토머스 칼라일(Thomas Carlyle, 1795~1881)은 훗날 이렇게 말했다.

군대를 이끌고 최초로 알프스산맥을 넘은 사람과…… 혼자 힘으로 망치질을 해서 철제 가래를 최초로 만든 이름 모를 촌부 중에 인류 역사에서 누가 더 중요한 인물이었는가? …… 법률 자체와 정치 조직은 우리의 삶이 아니라 우리가 삶을 영위하는 집에 불과하다. 아니, 집의 맨벽에 지나지 않는다. 집에 꼭 필요한 모든 가구, 우리의 존재를 규제하고 지탱하는 발명품과 전통은 드라콘(고대 아테나이에서 성문법을 제정한 인물)들과 햄프던(17세기 전반에 활동한 영국 정치가)들이 아니라 포이니케의 뱃사람들, 이탈리아의 석공들과 색슨족 야금학자들, 철학자들, 연금술사들, 예언자들, 그리고 오래전에 잊힌 모든 예술가들과 장인들의 산물이다.

역사가들, 특히 독일 계몽주의 시대 후기의 역사가들은 역사를 제대로 이해하려면 서로 연관된 두 가지 일을 해야 한다고 갈수록 확신하게 되었다. 첫째, 문서고의 사료를 대단히 상세하게 연구해야 했다. 둘째, 지리적 위치, 사회 체제, 경제적 세력, 문화적 관념, 기술 발전, 개개인의 의지 같은 요인들 간의 복잡한 관계를 포함하는 인과관계에 대한 이론을 발전시켜야 했다. 역사는 정치와 법에서 경제학과 오늘날이라면 사회학이라 부를 것으로 이동하고 있었다. 누군가는 이런 맹공격을 받고 투키디데스의 탑이 확실히 무너졌다고 생각할 것이다.

이제 우리는 이 장 첫머리에서 역사의 허구성을 거부했던 랑케에게 되돌아갈 것이다. 랑케(1795~1886)는 역사가로서 줄곧 아주 분명하게 밝혔듯이, 스스로를 역사를 연구하는 방법론의 혁신자이자 구원자로 여겼다. 문헌 연구와 객관적인 역사적 분석을 하자는 랑케의 요청을 (랑케 자신을 포함한) 많은 이들은 역사를 마침내 '과학적' 기반 위에 확고히 올려놓는 혁명적이고 급진적인 요청으로 받아들였다. 그렇지만 앞에서 확인했듯이 이 견해의 상당 부분은 랑케의 시대 이전에 이미 있었다. 그렇다면 랑케는 위대한 인물인 체하는 사람에 지나지 않았던 걸까?

자기 홍보가 랑케의 이미지를 어느 정도—어쩌면 상당히—설명해줄지 모르지만, 그외에 계몽주의 역사서술의 경향과 랑케가 스스로 반발한다고 생각했던 것에 주목할 필요가 있다. 18세기의 아주 유명한 저술가들은 대부분 '철학적' 역사를 썼는데, 그 역사는 사실 자체가 아니라 사실을 이용해 인류와 인간 존재에 관한 원대한 물음을 해명하는 데 관심을 두었다. 다른 이들은 키케로식 역사의 살아남은 갈래들에 고무되어 독서공중(18세기에 상당히 불어난 집단)을 위해 아름다운 문장으로 이야기를 썼다. 이들 모두는 계몽주의를 통합하는 특징이라 할 신념, 즉 이성이 최고조에 도달한 시대, 지식과 이해, 분별이라는 면에서 이전 어떤 시대보다 탁월하고 뛰어난 시대를 자신들이 살아간다는 신념의 영향을 받았다. 계몽주의 역사가들은 내심 자기네가 지적으로 우월하다고 생각했다. 그들은 과거를 어느 정도 신중하게 조사했지만, 무엇보다도 과거에 대한 판결을 내렸다. 그리고 과거는 십중팔구 그들의 높은 기대치에 부응하지 못했다. 한 저술가는 "'지나간 좋은 시절'을 그리워하는 사람은 그 시절이 어땠는지 모르는 게 틀림없다"라고 썼다.

랑케는 무언가 다른 것을 말하고 있었다. 랑케는 발견을 '왜곡'하는 상상적 영감을 배제한 채 정밀한 조사와 입증 같은 '과학적' 개념을 고수하며 문헌을 신중하게 분석함으로써 "그것이 실제로 어떠했는지만 말"할 수 있기를 바랐다. 먼지투성이 기록을 신중하게 조사하는 사람, 정확한 물음을 차분하고 무미건조하게 분석하는 사람, 객관적 진실이 무엇인지 불편부당하고 준엄하게 판결하는 사람이라는 역사가의 이런 이미지는 오늘날까지 이어지고 있다(다행히 덜 건조한 다른 이미지들이 덧붙여지긴 했지만). 랑케의 노선이 유일한 노선이었던 것은 아니다. 프랑스 역사가 쥘 미슐레(Jules Michelet, 1798~1874) 또한 문서고에서 영감을 받았지만, 그의 역사는 낭만적이고 열정적이었으며 마녀와 이단자처럼 기묘하고 주변적인 것에 매료되었다. 미슐레가 언제나 정확했던 것은 아니다. 그러나 미슐레의 예리한 식견과 상상력은 후대 역사가들에게 영감을 주는 대안 모형이 되었다.

여하튼 실제 랑케는 그의 이미지와 조금 달랐다. 랑케는 문서고의 사료를 이용했다. 그러나 다른 이들이 랑케보다 먼저 문서고를 연구했고, 랑케의 저작들에 실린 참고문헌 가운데 약 90퍼센트는 과거 학자들이 이미 연구하고 발표한 문헌이었다. 그리고 선행한 다른 학자들과 마찬가지로, 랑케의 객관성 추구는 어느 정도 성공하고 어느 정도 실패했다. 그렇다면 랑케는 무엇을 바꾸었는가? 두 가지를 꼽을 수 있을 것이다.

첫째, 내가 시사했듯이 기번이 직업(자기 자신을 위해 선택하는 일)으로서의 역사의 시작을 알렸다면, 랑케는 **전문직**으로서의 역사를 확립했다. 랑케가 물려준 한 가지 유산은 젊은 학생들이 저명한 학자 주위에서 1차 사료를 직접 다루며 직능을 배우는 역사가들의 연구 세미나였다. 교육 예산만 확보된다면, 이 모형은 지금도 대다수 젊은 역사가들이 자기 직종을 배우는 과정을 좌우한다.

둘째, 랑케는 거듭 언급되는 문구인 "그것이 실제로 어떠했는지만 말하라"를 물려주었다. 이 짧고 무해한 문장은 역사의 철학과 실천에 관한 저작들에 영향을 끼쳤다. 이 문장은 (랑케만이 아니라) 역사가들이 '진실한 이야기'라는 패러다임에서 벗어나기 위해 허구적인 '이야기'를 쳐내고 역사를 오직 '진실한' 것으로 만들려는 시도였다. 나머지 장들에서 이 관점을 더 논할 것이다. 지금은 한 가지에 주목하자. "그것이 실제로 어떠했는지만 말하라"라고 말했을 때, 랑케는 사실 먼 옛날의 역사가 투키디데스를 인용하고 있었다. 랑케가 충성을 바친 대상은 투키디데스였다. 랑케가 역사에 다른 무엇을 주었든 간에, 그는 역사를 다시 한번 정치적 사건의 탑으로 돌려보냈다. 랑케의 사료는 통치자와 국가, 민족, 전쟁이 남긴 사료였다. 우리는 또다시 정치의 탑에서 탈출했지만, 분열된 채로 탈출했다. 랑케식 견해에 반발하는 과정에서 역사서술이 이질적인 요소들로 쪼개지기 시작했기 때문이다. 오늘날 그저 '역사가'라고 자처하는 역사가는 거의 없다. 우리는 '사회사가'나 '문화사가', '여성사가', 또는 실제로 '정치사가'다. 이것이 이 책의 나머지 부분에서 역사서술의 발전에 대한 하나의 이야기식 서술을 계속하지 않는 이유 가운데 하나다. 그러기에는 서술의 종류와 갈래가 너무나 많다. 나머지 부분에서 우리는 특정한 주제들과 물음들을 검토하며 20세기의 역사서술을 더 알아볼 것이다.

역사서술의 발전이 19세기 중엽에 '끝났다'는 주장은 당연히 터무니없는 소리다. 내가 랑케를 이 장의 종점으로 택한 한 가지 이유는 그의 시대 이래로 무수히 많아진 역사서술의 노선들을 하나의 일관된 서사로 빚어낼 능력이 없기 때문이다. 그러나 방금 말한 터무니없는 주장에도 진실이 조금은 담겨 있다. 랑케 이래로 어떤 성향의 역사가든 '진실'이란 사료에 충실함으로써 접근하거나 성취할 수 있는 무언가라는 생각을 다른 무엇보다도 마음에 담아두었다. 19세기 이래 역사가 타당하고 유용하다는 주장은 수사학적 유려함이나 철학적 혜안이 아니라 신중한 증거 사용에 근거를 두곤 했다.

이 과정을 부추긴 것이 19세기와 20세기에 갈수록 심화된 역사학의 제도화였다. 역사학은 산업혁명 이후 '전문화'된 여러 주제 중 하나일 뿐이었다. 실제로 역사학은 대학에서 연구할 진지한 주제로서 인문학의 다른 몇몇 분야보다 다소 늦게 확립되었다. 19세기 후반에 역사가들은 전문직 단체(미국역사학회 같은)를 결성하고 학술지를 펴내기 시작했으며, 20세기 내내 점점 늘어나는 역사가들은 박사학위를 받고 대학 학부에서 일자리를 구하고 권위 있는 '전문직' 지위를 주장하기 위해 연구를 해왔다. 19세기 말에 역사학의 전문직화를 추동한 요인 중 하나는 지식인 계층을 부양할 근대 국가의 경제력이 증대했다는 사실이었다. 이런 경제력이 낳은 결과 중 하나는 역사학이 국민국가의 요구에 부응해 '국사'를 만들어냈다는 것이다. 각국의 초기 전문직 역사가들이 제기한 역사적 문제들은 어느 정도 이런 국사에 따라 결정되었다. 예를 들어 영국 역사가들은 자국을 의회민주주의의 절정으로 보고 영제국을 자랑스럽게 여겼고, 프랑스 역사가들은 1789년 혁명을 근대 국가를 창조한 사건으로 보았으며, 독일 역사가들은 자기네 문화와 인종의 '우월성'을 칭송했고, 미국 역사가들은 유럽 모형과 자국 모형의 '차이'를 뽐냈다. 역사학의 전문직화를 거치면서 역사가들이 자신이 속한 특수한 문화의 필요성과 당파성에서 멀어진 것은 아니었다. 오히려 더 가까워졌다.

전문직 제도의 혜택을 받은 내가 그 제도를 심하게 지탄한다면 배은망덕하게 보일 것이다. 그렇지만 역사가들이 전문직 지위를 얻는 대신 치른 대가는 언급할 가치가 있다. 첫째, 일반적인 독서공중과 학구적 역사가 사이의 거리가 점점 멀어지고 있다. 학술지에 글을 게재하거나 대학 출판부에서 연구서를 낸다는 것은 보통 500명도 안 되는 독자를 위해 글을 쓴다는 뜻이다. **모든** 독자에게 흥미롭고 중요한 문제들은 대부분 전문직 조직이라는 좋아하기 힘든 장막에 덮여 보이지 않는다. 둘째, '전문직'이 된 역사가들은 이따금 마치 천상의 신이라도 된 것처럼 초연한 태도로 현재와 과거를 객관적으로 판단하는 척했다. 이 논제들은 뒤에서 더 살펴볼 것이다. 여기서는 '전문직'이 '공평하다'는 뜻이 아니라 주로 '보수를 받는다'는 뜻이라는 것만 알아두라. 오늘날 역사가들은 자기가 하는 일로 먹고산다. 이것은 그들이 대학 위원회의 기대, 기금을 대는 평의회의 기대, 동료들에게 검토를 맡기는 출판사의 기대에 부응하려고 노력한다는 뜻이다. 대다수 사람들과 마찬가지로 역사가들도 기득권의 그물 안에서 일한다. 마지막으로 전문직화는 분할로 귀결되었다. 오늘날 방대한 영역들에 걸쳐 전문가라고 자처하는 역사가는 거의 없다. 역사가들은 대체로 특정한 영역을 전공한다. 나는 이런 분할이 '나쁜 것'이라고 확신하지 못하겠다. 분할은 불가피하고 더 나아가 생산적일 수도 있다. 그러나 우리에게 분할은 '역사'(역사가들이 연구하는 대상이든 과거에 대한 그들의 서술이든)가 결코 단 하나의 진실한 이야기일 수 없음을 뜻한다.

이 장에서는 사료의 이용을 둘러싼 견해의 발전, 과거와 현재의 관계, 역사적 서술의 '진실'을 살펴보았다. 나는 이 문제들의 역사가 길다는 것, 이 문제들에 대한 답이 변해왔다는 것을 보여주고자 했다. 과거에 상황이 달랐다면, 미래에도 상황이 바뀔지 모른다. 논쟁은 아직 끝나지 않았다. 뒤에서 '진실' 문제와 과거와 우리의 관계 문제를 더 살펴볼 것이다. 그렇지만 다음 장에서는 사료에, 그리고 역사가가 사료를 가지고 할 수 있는 일에 더 깊이 초점을 맞출 것이다.

제 4 장

목소리와 침묵

1994년 8월 1일, 노퍽 주 노리치 기록보관소(Norfolk and Norwich Record Office)에서 일하는 경비원이 불을 켠 순간 건물이 폭발했다. 가스가 새고 있던 와중에 작은 전기 불꽃이 튀자 불이 붙었던 것이다. 경비원은 폭발과 함께 뒤로 날아갔지만 목숨은 건졌다. 기록보관소는 그러지 못했다. 소방관들은 불길을 잡으려 분투했고, 직원들은 보관 중인 문헌들을 살리려 애썼다. 마침내 불길이 잦아들었을 때는 장서 35만 권과 역사 기록 일부가 소실되고 건물이 껍데기만 남은 상태였다.

왜 이 사건으로 시작하는 걸까? 이 장과 다음 두 장의 과제는 역사가가 역사를 탐구하는 과제를 어떻게 시작하는지 보여주는 것이다. 우리는 1차 증거를 이용해 역사에서 진실한 이야기, 이제껏 말해진 적이 없는 이야기를 추적할 것이다. 역사가는 사료를 가지고, 과거 시대의 문헌을 가지고 과제를 시작하며, 노리치 기록보관소는 예나 지금이나 이런 자료를 보관하는 곳이다(또한 이 보관소는 내가 일하는 도시에 위치해 있다). 더욱이 대상은 화재 같은 위험에 처했을 때 더 분명하게 보이곤 한다. 다행히 불탄 문헌보다 구해낸 문헌이 훨씬 많았다. 그러나 화재는 거의 문헌만큼이나 중요한 다른 것, 즉 노리치 기록보관소에서 사용하던 분류 체계를 혼란에 빼뜨렸다. 구해낸 기록은 새 건물로 옮겨졌고, 기록보관소는 아마추어와 전문 연구자를 위해 다시 문을 열었다. 그렇지만 그들이 사료를 이용하기에 앞서 기록보관소는 카탈로그를 복원하고 자료를 배열하고 특정한 문헌의 위치를 정하는 절차를 재구상해야 했다. 역사가는 사료를 가지고 과제를 시작하지만, 어디까지나 문서고 관리자가 역사가를 위해 사료를 분류하고 정돈한 뒤에야 과제를 시작할 수 있다.

   과거 문헌을 보관하는 장소라는 의미의 문서고는 아주 오랫동안 존속해왔다. 노리치 시민들은 적어도 15세기부터 자기네 역사와 관련된 문헌을 저장하고 안전하게 보관하는 일에 관심을 기울였다. 오래된 문헌, 특히 토지 소유권이나 법적 권리와 관련된 문헌이 권한을 나타내는 형식이었기 때문이다. 다시 말해 자신의 주장을 뒷받침하는 오래된(따라서 권

> 역사가들은 조사 중인 사건이 일어난 시기나 그와 가까운 시기에 만들어진 역사적 문헌을 (범죄의 '최초 목격자'처럼) 흔히 '1차' 사료라 부른다. '2차' 사료는 다른 이들, 후대 필자들의 문헌을 가리킨다. 그렇지만 그다지 철학적이지 않은 이 용어들은 유용한 약칭에 지나지 않는데, 양자를 명확히 나누기가 어렵기 때문이다. 게다가 '2차' 사료 또한 당대에는 '1차' 사료다.

위적인) 문헌을 제시하면 논쟁에서 이길 수 있었다. 물론 이런 상황은 지금도 마찬가지여서, 변호사는 의뢰인이 구입한 주택과 관련된 오래된 문서를 찾곤 한다. 그러나 18세기 무렵부터 기관에 부속된 문서고들은 덜 명확한 이유로, 어느 정도는 그저 흥미롭다는 이유로 문헌을 보관하고 관리하기 시작했다. 노리치 기록보관소는 수천 개의 문서고 중 하나일 뿐이다. 대부분의 나라에는 런던의 공공기록보관소(Public Record Office)나 파리의 국립문서고(Archives Nationales)와 같은 국립문서고가 있다. 일부 문서고는 황폐해져 사실상 방치되고 있는데, 내가 듣기로 뉴욕시 문서고에서는 노숙인들이 이따금 서가 사이에서 잠을 청한다고 한다. 또 어떤 문서고는 가문이나 기업, 교단에 속한 민간 문서고여서, 이런 곳을 이용하려면 역사가는 따로 허가를 구해야 한다. 어떤 문서고는 외부에 닫

혀 있어서 접근할 수 없다. 예컨대 동독의 기록과 바티칸 도서관의 일부 문서는 (최근까지) 열람할 수 없었다. 간혹 다른 장소에서 사료 뭉치가 발견되기도 한다. 최근에 한 역사가는 14세기에 이탈리아 교회의 종탑에 처박힌 뒤 망각된 종교 문헌을 다량 발견했다. 그렇지만 그런 발견은 드물거니와 보통 그렇게 발견된 문헌도 결국 어딘가에 있는 문서고로 들어간다.

이처럼 문서고는 단순한 창고가 아니다. 문서고는 전문직이 돌보고 양육하는 체계화된 정보 보관소다. 이것은 두 가지 이유로 중요하다. 첫째, 과거의 사료는 정돈된 상태로 깔끔하게 보존되지 않는다. 이 책의 낱장들이 번호순으로 한데 묶이지 않고 아무렇게나 뒤섞인 채로 여러분에게 전달되었다고 상상해보라. 그 종이 뭉치가 무슨 뜻인지 이해하기까지 시간이 꽤나 오래 걸릴 것이다! 문서고 관리자는 과거의 유물을 어떤 질서 안에 배치함으로써 다른 이들이 이용할 수 있게 한다. 둘째, 잔존하는 사료가 엄청나게 많다. 노리치 기록보관소 한 곳에만 각기 다른 문헌이 **200만 점**가량 있다. 역사가 한 명이 이 문헌들을 전부 훑어보려면 아주 오래 걸릴 것이다. 다행히 문서고 관리자가 역사가 대신 시간을 들여 '검색 도구'를 만든다. 이것은 문헌 목록으로, 흔히 각 문헌이 어떤 내용인지 알려주는 간략한 요약문이 붙어 있다. 역사가는 이 목록을 보고 문서고 관리자에게 가져다달라고 요청할 문헌이 무엇인지

짐작할 수 있다.

그렇다면 '사료'란 무엇인가? 놀랄 만큼 최근까지도 수록하기에 적합한 사료를 평가하고 사료의 정확성과 '건전성', 사료 속 의견의 공정성을 판단한, 신사 학자들로 이루어진 일종의 상류층 클럽이 있었다. 어떤 사료는 다른 사료보다 '선호'되었다―그래서 좀처럼 열리지 않는 역사서술의 문을 통과할 수 있었다―고 말할 수도 있을 것이다. 이런 사료는 대부분 **서사적 문헌**, 즉 연대기 서술, 회고록, 통치기구의 기록, 과거의 역사서 등이었다. 19세기와 20세기를 지나는 동안 사료를 검토하는 클럽이 엄청나게 팽창했고, 유언장과 편지, 판매 기록과 여타 회계 장부, 조세 서류, 법정 기록 등 훨씬 많은 문헌이 사료에 포함되었다. 뒤에서 보겠지만 사료가 많아질수록 질문이 많아졌고, 질문이 많아질수록 사료의 종류가 다양해졌다.

사실 우리에게 과거의 흔적을 전해주는 것이면 무엇이든 사료가 될 수 있다. 토지 양도를 기록한 증서도, 증인의 진술을 말해주는 법정 사건도, 이름 모를 청중에게 전한 설교도, 책이나 배당분, 가격, 물품, 사람, 가축, 신앙 등의 목록도, 망각된 얼굴을 담은 그림이나 사진도, 편지나 회고록, 자서전, 낙서도, 권력과 부를 과시하는 부자들의 건물이나 그 정반대를 드러내는 빈자들의 건물도, 이야기와 시, 노래, 속담, 음담패설, 따분한 필경사나 교활한 주석자가 여백에 적은 불분명한 논평도 사료가 될 수 있다. 수많은 것들이 사료가 될 수 있다. 종교재판관의 심문을 받기에 앞서 사람들이 의례적인 복종의 표시로 재판관이 소유한 기도서의 한 면에 수없이 입술을 찍은 탓에 변색된 부분도 사료가 될 수 있다. 사료는 과거의 흔적이다.

이제 노리치 기록보관소의 특정한 문헌 하나와 이 문헌의 특정한 증거 조각 하나를 살펴보자. 그 문헌은 1625년부터 1642년까지의 기록을 담은 야머스 의회 의사록(Yarmouth Assembly Book)이다. 그레이트야머스(Great Yarmouth)는 노퍽주에 속하는 연안 도시로, 노리치에서 약 32킬로미터 떨어져 있다. 17세기에 이 도시는 자유인들로 이루어진 '의회'가 통치했는데, '의사록'에 그들의 심의와 결정이 기록되어 있다. 여기서 살펴볼 문헌은 전해지는 여섯번째 의사록이다(가장 오래된 의사록은 16세기 중엽까지 거슬러 올라간다). 가죽으로 장정된 이 커다란 책은 가로세로가 약 20센티미터와 30센티미터이고, 번호가 매겨진 폴리오(folio)가 536장에 백지인 낱장도 몇 장 있다. (폴리오는 페이지와 다르다. 우리는 페이지마다 번호를 매기지만, 17세기 필경사들은 장마다 번호를 매겼다. 그러므로 폴리오 하나에는 보통 오늘날 '렉토recto'와 '버소verso'라고 부르는 '앞면'과 '뒷면'이 있다. 따라서 폴리오 536장은 앞면 536페이지와 뒷면 536페이지를 뜻해 총 1,072페이지가 된다.) 이 책의 낱장은 만져보면 표면이 건조하고 잔주름이 많으며 현대 종이보다 훨씬 두껍다. 이 책은 아주 두꺼워서(약 15센티미터) 책등이 쪼개지지 않게 하려면 특별히 제작한 받침대에 올려놓고 펼쳐야 한다. 의사록들에는 차례나 색인이 없었지만, 필경사들은 여백을 남기고 거기에 내용을 간략히 요약해두었던 까닭에 여백만 읽고도 특정한 내용의 위치를 재빨리 찾을 수 있었다. 여백에 요약문이 있다는 것은 시 당국이 의사록을 망각하지 않고 참고용으로 이용했다는 것을 뜻한다.

특정한 증거 조각은 1635년 의사록의 폴리오 327 앞면(렉토)에 기입된 내용이다. 이 면의 여백에는 "연금 20마르크를 매년 버뎃 부인에게 지급한다"라고 적혀 있다. 이와 관련된 본문의 내용은 다음과 같다.

이 의회에서 버뎃 부인은 남편이 자신을 떠나 뉴잉글랜드로 간 탓에 자신과 자식들이 먹고살 길이 막막하다며 얼마간 구호를 해달라고 의회에 청원했다. 이런 상황을 참작해 의회는 매년 20마르크를 분기별로 나누어 출납계원들을 통해 지급한다는 데 합의했다. 다음번 성 미카엘에 첫 지급을 시작하고, 의원들이 흡족해하고 기뻐하는 한 계속 지급한다.

역사가는 사료를 가지고 시작한다. 그렇지만 앞에서 지적했듯이 역사가들은 보통 특정한 증거를 찾을 때 그 증거를 쫓을 실마리만 있으면 도움을 받을 수 있다. 이 경우 이 증거 조각에 도달하기 전에 두 가지 '시작'이 있었다. 하나는 노리치 기록보관소가 소장한 야머스 문헌의 목록으로, 그 덕분에 나는 문서고 관리자에게 정확한 책을 요청할 수 있었다. 다른 하나는 버넷 부인과 관련된 내용이 흥미로울 거라고 내게 말해준 동료 역사가의 인심 좋은 제안이었다. 이런 시작은 중요한 단계이며, 저술되는 **모든** 역사는 이와 비슷한 무언가, 즉 일군의 특정한 사료를 향해 나아가도록 역사가를 추동하는 실마리를 내포한다. 역사가는 증거에 눈길을 주기도 전에 선택과 결정을 한다. 따라서 사료를 가지고 시작하는 것은 역사를 시작하는 **한 가지** 방법이라고 말하는 편이 더 진실할 것이다. 다른 방법은 역사가 자신, 즉 자신의 관심사와 관념, 환경, 경험에서 시작하는 것이다.

 이제 증거 조각을 확보했다. 다음엔 뭘 해야 할까? 먼저 역사가가 익혀야 하는 기술에 주목하자. 사료 사진을 본 다음 앞에 수록한 인용문을 보라. 손글씨는 썩 분명하지 않고, 철자법이 구식이고, 낯선 단어를 몇 개 포함하고 있다. 증거는 해독해야 한다. 그러려면 우선 과거로 돌아가 오래전에 죽은 필경사가 '왜' 이렇게 썼는지 묻기에 앞서 '무엇'을 썼는지 이해하려 노력해야 한다. 글자를 길쭉하고 둥글게 쓰는 이 손글씨는

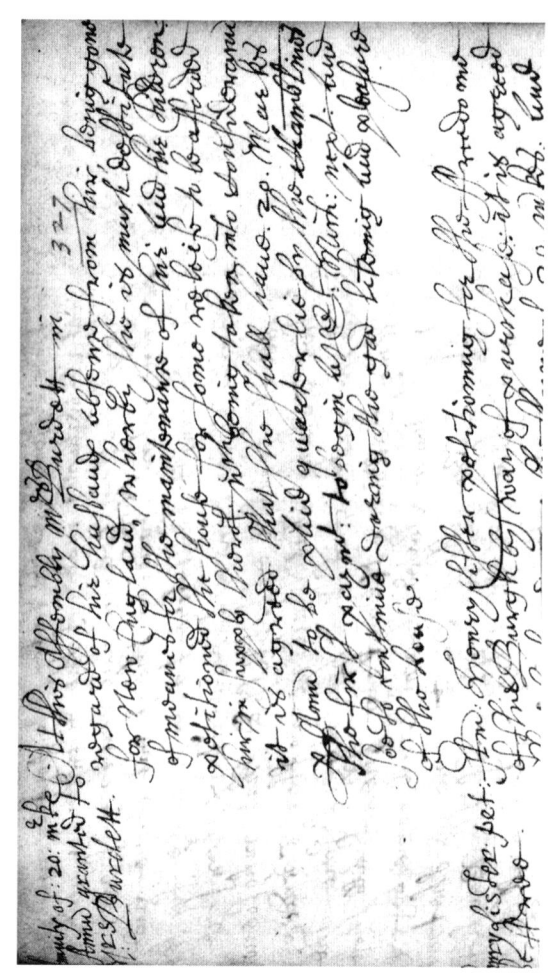

15. 야머스 의회 의사록의 일부. 왼쪽 여백에 적힌 요약문과 오른쪽 상단에 적힌 폴리오 번호에 주목하라.

'비서체(secretary hand)'라고 알려진 서체다. 손글씨는 역사를 거치며 변해왔다. 중세에는 대다수 필경사가 문헌 작성에 오랜 시간을 들일 수 있어서 손글씨가 꽤 반듯했다. 그러나 중세의 손글씨는 비교적 소수였던 필경사 집단은 익숙하게 사용했으나 현대 독자는 알아보기가 쉽지 않은 약어로 가득하기도 하다. 문자해독률이 높아지고 문서가 더 자주 작성됨에 따라 손글씨는 덜 단정해지고 더 다양해졌다. (적어도 영국에서는) 기본적인 문자해독능력이 상당히 널리 확산된 17세기 후반에 이르면 정식 훈련을 충분히 받지 않은 사람들이 기록할 필요가 있는 내용을 급하게 갈겨쓰는 바람에 손글씨가 엉망이 되기도 했다. 손글씨 연구는 '고서체학'이라 부르며, 역사가들은 오래된 문헌을 해독하는 용도만이 아니라 때로는 어떤 문헌의 연대를 추정하는 용도로도 이 기술을 사용한다. 손글씨의 패턴과 특정한 시대를 대략 연결지을 수 있기 때문이다. 다른 언어 기술들 역시 역사가에게 유용하다. 역사가 일부는 문헌과 외국 역사가의 저작을 읽기 위해 근대의 언어를 배운다. 일부는 중세 라틴어, 고대 그리스어, 고대 영어, 중세 고지 독일어 같은 오래된 언어를 배워서 이들 토착어로 쓰인 문헌을 연구하려 한다. 이런 기술을 다수 익히는 역사가는 별로 없다. 오히려 역사가는 우연이나 개인의 이력에 따라 역사를 전공하곤 한다.

여러분이 동의하든 안 하든 이 의사록의 손글씨는 상당히 반듯하고 분명한 편이다. 's' 몇 글자가 'f'에 더 가깝게 보이고 'r' 몇 글자가 'w'처럼 보이지만, 그외에는 평균적인 의사의 처방전보다 훨씬 해독하기 어렵지는 않을 것이다. 여기서 필경사가 단어를 온전히 쓰지 않고 생략한 부분이 두 군데 있다. 한 곳에서는 단어의 일부를 올려서 썼고, 다른 곳에서는 단어 위에 선을 그었다. 예를 들어 여섯째 줄에서 'which'가 'w^ch'로 쓰였고, 여덟째 줄에서 'Chamberlines'(또는 오늘날 표기에 따르면 Chamberlains) 대신 'Chamblines'라 쓰고 위에 선을 그었다. 그외의 이상한 철자는 손쉽게 해석할 수 있다. 'hir'는 'her', 'soe'는 'so', 'likening'은 'liking'을 뜻한다. 영어의 철자법이 표준화되지 않은 17세기까지는 특정한 단어들을 발음나는 대로 표기하곤 했다.

인용문의 맥락 또한 해석할 필요가 있다. 당시 식민화되고 있던 '뉴잉글랜드'는 오늘날과 마찬가지로 미국의 동부 연안을 가리켰다. 버뎃 부인이 지급받기로 한 '마르크화'는 오래전에 잉글랜드에서 통용된 화폐다(20마르크는 꽤나 후한 액수였다). '다음번 성 미카엘'은 '다음번 성 미카엘 축일', 즉 9월 29일을 뜻한다. 우리는 이 문서가 **무엇**인지 이미 확인했다(도시 통치기구의 기록이다). 이제 이 증거의 전반적인 의미가 분명해졌을 것이다. 버뎃 부인의 남편이 아메리카로 떠났으므로 야머스 의회는 그녀에게 매년 20마르크를 주기로 합의한다는 뜻이다.

그러나 이것 자체가 '역사'는 아니다. 누군가는 버넷 부인이 연금을 받으리라는 사실에 관심을 보일지 모르지만, 아직까지 이 사실은 사실에 의미나 중요성을 부여하는 맥락을 결여하고 있다. 이 책 도입부에서 말한 길렘 대장의 피살이 버넷 부인의 재정보다 흥미로운 이야기일 것이다. 그러나 우리가 보았듯이 대장 사건 역시 더 큰 의미를 얻기 위해 더 큰 서사 안에 배치되어야 했다. 의사록에서 발췌한 부분이 우리에게 제공하는 것은 곧바로 사용할 수 있는, 형태를 갖춘 건축용 벽돌이다. 그러나 집을 짓는 일이 아직 남아 있다.

그런데 어떤 집을 지어야 하는가? 역사가는 무엇을 지을지, 어떤 사료를 제시하고 지지할지 결정해야 한다. 다른 벽돌로는 무엇을 찾아야 할까? 우리는 여러 방향에서 벽돌 찾기를 시작할 수 있다. 의회가 연금을 지급한 다른 사례들을 찾아서 야머스에서 자선 기부가 어떠했는지 전반적으로 묘사할 수도 있다. 이 경우 우리는 야머스 시민들의 다른 기록으로 넘어가기에 앞서 여섯번째 의사록의 나머지 부분(그리고 다른 의사록들)을 샅샅이 조사할 것이다. 다른 한편 뉴잉글랜드로 떠난 다른 사례들을 추적할 수도 있다. 의사록에도 그런 사례에 대한 언급이 드문드문 있긴 하지만, 이 경우 우리는 다른 사료, 이를테면 잉글랜드 왕의 명령에 따라 작성된, 17세기에 신세계로 떠난 '상류층'의 명단 같은 사료를 참고하는 편이 더 나을 것이다. 이 문서에는 각기 다른 아메리카 행 배에 탑승한 승객들의 이름과 나이, 직업, 잉글랜드를 떠나기로 결정한 이유가 간략하게 적혀 있다. 사료는 저마다 활용법을 유도하는데, 어떤 사료는 활용법이 분명하고 어떤 사료는 덜 분명하다. 의사록은 야머스 시민들의 통치기구에 대한 조사를 유도하지만, 사회와 종교, 정치, 젠더 등을 논하기 위해 이용할 수도 있다.

우리는 다른 문제들과도 씨름해야 한다. 일례로 우리는 문헌이 혹시 위조되지 않았는지 확인해야 한다. 버넷 부인의 경우 위조일 확률은 낮아 보인다. 발췌문이 앞뒤 내용과 매끄럽게 이어지고 똑같은 손글씨로 쓰였으므로 후대에 삽입되었음을 입증하는 증거는 없는 셈이다. 의사록 전체—천여 페이지 전체—가 위조되었다고 생각하지 않는 한, 이 사료를 신뢰하지 않을 이유는 없다. 그렇지만 모든 역사적 문헌이 진실한 것은 아니다. 로렌초 발라가 비판한 콘스탄티누스의 기증장이나 근래에 아주 저명한 근대 역사가를 우롱한 악명 높은 가짜 '히틀러 일기' 같은 유명한 위작들이 있다.〔저명한 근대 역사가는 영국 역사가 휴 트레버 로퍼를 말한다. 트레버 로퍼는 콘라트 쿠야우가 날조한 '히틀러 일기'가 진짜임이 틀림없다고 말했다가 입장을 번복했다.〕 그러나 유명한 인물이나 사건을 다루지 않는 한,

위조를 그리 자주 접하진 않는다(위조할 동기가 없기 때문이다).

> 위조: 위조가 흔했던 문서 종류로는 중세의 수도원 기록이 있다. 수도사들은 수도원의 권리와 재산을 보여주는 증서를 다수 위조하곤 했다. 이런 일이 언제나 노골적인 사기였던 것은 아니다. 과거에 관습에 따라 권리를 획득했던 수도원이 훗날 그 권리를 입증할 '증거'가 필요해져서 '마땅히' 있어야 할 문서를 만들어내기 위해 위조한 경우도 비일비재했다.

역사가는 사료의 '편향'도 고려하라고 배운다. 그렇지만 여기서 곰곰이 생각할 필요가 있다. 앞에서 언급한 '신사 클럽'의 문제 중 하나는 사료를 다루면서 '편향'이라는 관념에 지나치게 집중했다는 것이다. '편향'(필자의 편견, 필자가 서술을 왜곡하는 방식)을 찾는 사람은 '편향되지 않은' 입장을 찾을 수 있음을 시사한다. 이것이 문제다. 누구에게나 있는 특색이 '편향'에 포함된다면, '편향되지 않은' 문헌이란 없다. 어떤 사료는 의견과 편견을 아주 공공연히 드러내고 우리는 당연히 이런 점을 고려해야 하지만, 어떤 사료는 그 사료가 가정하는 것들을 밝히기 위해 아주 신중하게 연구해야 한다. 예를 들어 의사록의 발췌문은 상당히 솔직해 보인다. 그러나 버넷 부인의 이름을 말해주지 않는다는 데 주의해야 한다. 이 점은 우연이 아니라 기록할 만큼 중요한 세부사실이 무엇인지에 관한 필경사와 의회의 가정과 관련이 있을 것이다. 주의할 것이 한 가지 더 있다. 이 '편향'을 확인했다고 해서 '폐기'할 필요는 없다. 오히려 이 '편향'은 17세기 여성들의 의견과 위치를 밝히기 위해 우리가 활용할 수 있는 무언가다. '편향'이 없다면(혹여 이런 일이 가능하다면) 역사가는 필요가 없을 것이다. 그러므로 '편향'은 발견하고 박멸하는 것이 아니라 수색하고 포용하는 것이다.

문헌이 제공할 수 있는 것과 없는 것도 고려해야 한다. 의사록은 우리의 관심사와 즐거움이 아니라 어떤 목표를 위해 쓰였다. 다시 말해 의사록의 존재 이유는 시 당국의 중요한 결정을 기록하는 것이었다. 우리는 의사록이 말하는 것뿐 아니라 말하지 **않는** 것에 관해서도 생각해야 한다. 예를 들어 우리는 의회가 버넷 부인에게 연금을 지급하기로 합의했다는 것은 알지만, 의회가 이 결정을 수월하게 내렸는지 아니면 몇 시간 동안 논쟁한 뒤에 내렸는지는 모른다. 우리는 버넷 부인이 의회에 출석했는지 여부를 모른다(그녀는 의회에 '청원'을 했지만, 이것은 의회가 소집되기 전에 그녀가 의회에 요청을 했다는 의미일 것이다). 우리는 버넷 부인의 남편이 도시에 없었고 그녀가 궁핍했다는 사실을 빼면 의회가 그녀에게 연금을 준 **이유**를 모른다. 역사가는 사료의 뉘앙스, 말해지는 것과 말해지지 않는 것 사이의 틈, 사료의 리듬과 당김음을 의식해야 한다.

"사료는 스스로 말한다"라고 말하는 이들이 간혹 있다. 이 말은 참이 아니다. 의사록의 발췌문은 거의 또는 전혀 말을 하지 않았다. 그러나 어쩌면 나직한 목소리로 우리에게 끊임없이 속삭이고 있는지도 모른다. 버뎃은 어떤 사람이었냐고, 그는 왜 뉴잉글랜드로 떠났냐고, 그후 버뎃 부인과 자식들에게 무슨 일이 닥쳤냐고 말이다. 분명 이런 물음들에 답하려면 버뎃을 언급하는 다른 문헌을 찾아내야 한다. 이렇게 해서 우리는 사료가 제시하는 것과 말하지 않고 남겨두는 것, 우연히 우리의 관심사가 된 것을 결합해 탐구의 방향—우리가 출발점부터 따라갈 특정한 길—을 결정했다.

모든 페이지의 여백을 조사해보면 의사록에는 버뎃에 대한 언급이 적어도 다섯 군데 있다. 이런 언급은 우리의 그림을 조금 더 그려준다. 설교사 "조지 버뎃(George Burdett) 씨"는 1633년 "예수의 이름에 고개를 숙이지 않는다는 이유로" 매슈 브룩스라는 사람의 의회 보고에 등장한다. 여기서 배경에 대한 설명이 조금 필요하다. 당시 영국에서는 통치의 성격과 교회의 개혁을 둘러싸고 종교적 긴장감이 감돌고 있었다. 브룩스는 의례와 순응, 왕실의 교회 통제를 지지하는 온건한 개신교의 한 갈래를 믿고 있었다. 버뎃은 왕실의 통제와 의례에 반대하고 따라서 교회 안에 있을 때 십자가에 의례적인 아부를 떨지("예수의 이름에 고개를 숙이지") 않는 더 급진적인 사람으로 비쳤을 것이다. 버넷은 브룩스의 불평 때문에 잠시 설교사로서 정직을 당했지만 (두번째 기록이 말해주듯이) 노리치 주교에 의해 복직되었다. 그렇지만 1635년 버넷은 (종교적·정치적으로 적대적이었던 듯한) 설교를 이유로 다시 정직을 당했고, 의사록에는 새로운 설교사를 찾아야 할 필요성이 기록되어 있다. 마지막 두 기록은 브룩스가 버넷이 살던 집을 인계받으려고 입찰했으나 그 집이 크레인에게 연간 12파운드에 임대되었다는 것을 말해준다. 의사록의 마지막 기록은 버넷 부인의 연금에 관한 내용이다.

이처럼 더 많은 건축용 벽돌을 짜맞춤으로써 우리는 버넷 부부와 그들에게 닥친 일이라는 그림을 그려나가기 시작할 수 있다. 이 그림을 이해하려면 배경에 대한 정보―영국의 종교적 긴장 상태, 야머스 내부의 지역 정치―가 약간 필요하며, 이를 위해 우리는 다른 역사가들의 저작에 의존한다. 이것은 이례적인 일이 아니다. 역사가들은 자신의 사료 조사 못지않게 다른 역사가의 저작에도 의존한다. 근대 초 영국에 관해 누군가 이미 말한 진실한 이야기에 도전하는 무언가를 버넷 관련 사료에서 발견한다 해도 괜찮다. 그러나 이미 제공받은 길잡이를 무시하는 것은 어리석은 짓이다.

버넷을 좇아 아메리카로 가기―우리 이야기의 다음 부

분—위해 우리는 뉴잉글랜드와 관련된 문헌에 주목할 필요가 있다. 식민지 시대 아메리카의 사료들은 물론 많이 남아 있다. 버넷의 자취를 좇아 그 사료들을 전부 보려면 아주 오래 걸릴 것이다. 그렇다면 역사가는 무엇을 할까? 때로는 방금 말한 바로 그 일을 한다. 다시 말해 입수 가능한 모든 문헌을 고생스럽고 지루하게 뒤지며 관심 대상에 대한 언급을 찾는다. 여기서 핵심 단어는 '지루하게'다. 역사가의 활동 가운데 상당 부분이 지루하며, 역사가가 갖춰야 할 기술 중 하나는 원하는 것을 발견하는 드문 순간을 기대하며 지루함에도 불구하고 작업을 계속하는 것이다. 전쟁은 권태로운 오랜 기간에 흥분되는 짧은 순간이 간간이 끼어드는 것이라고 묘사되곤 한다. 역사는 전쟁보다야 훨씬 안전하겠지만 전쟁과 비슷할 때가 많다.

역사가에게 기쁜 때는 무언가를 발견하거나 드러내는 순간이다. 물론 역사가는 대개 한 번에 한 가지 이상을 찾는다(누군가 버넷을 찾으면서 식민시 시대 문헌을 전부 읽은 뒤에 다른 인물을 찾기 위해 그 문헌 전부를 다시 읽어야 한다면, 처음 읽은 것이 거의 무의미할 것이다). 그리고 때로는 한 사람의 이름보다 형태가 훨씬 불분명한 것을 찾는다. 이를테면 특정한 표현이나 말투, 후대의 통계 분석을 거쳐야만 드러나는 사료 속 패턴, 정확히 뭐라고 말하긴 어려우나 장기간에 걸쳐 살펴보면 분명히 드러나는 변화의 과정 등을 찾는다.

그렇다면 신세계에서 버뎃을 어떻게 찾아야 할까? 오늘날 이용할 수 있는 가계 연구의 다양한 검색 도구를 살펴볼 수도 있고, 버뎃이 영속적인 흔적을 남겼다면 미국 인명사전을 참고할 수도 있다. 다른 역사가가 우리의 길을 앞서 걸어갔기를 희망하며 식민지 시대 아메리카에 관한 현대 저작의 색인에 의존할 수도 있다(그러면서도 우리 마음의 게으른 반쪽으로만 이런 경우를 희망할 텐데, 어떤 길을 최초로 걷는 것은 즐거운 일이기 때문이다). 또는 나태한 태도로 뉴잉글랜드에 관한 가장 확실하고 풍성한 사료들 일부를 살펴보면서 버뎃이 혹시나 나타나는지 확인할 수도 있다.

그런데 버뎃이 실제로 나타난다. 17세기에 쓰인 『존 윈스럽의 일기Journal of John Winthrop』에서 버뎃에 대한 언급을 여럿 발견할 수 있다. 존 윈스럽은 1630년대와 1640년대에 매사추세츠 총독을 지낸 인물로서 핵심적인 역사적 행위자이자 역사 기록자였다. 윈스럽은 잉글랜드 서퍽(Suffolk) 출신으로 1630년 3월 아르벨라 호를 타고 아메리카로 건너왔다. 『일기』는 총칭해 『윈스럽 문서The Winthrop Papers』라고 알려진(그리고 출간된) 뉴잉글랜드에 관한 방대한 사료의 일부분일 뿐이다. 『일기』는 근래에 편집되어 출간되었으며, 우리의 수색을 한결 수월하게 해주는 방대한 색인을 포함하고 있다. 대다

16. 존 윈스럽, 매사추세츠 총독.

수 역사가는 문서고의 원본 문헌뿐 아니라 출간된 원(原)자료도 활용한다. 대개 원본 문헌을 보는 편이 가장 좋지만 시간과 인내심, 연구 기금의 제약 때문에 그러지 못할 때가 많다. 어쨌든 출간된 사료는 그것을 읽는 사람에게 일정한 도움을 준다. 사료가 출간되었다는 것은 여러분이 색인에서 연한 과일을 따먹을 수 있도록 누군가 여러분을 대신해 가장 힘들고 지루한 일을 했다는 뜻이기 때문이다.

더욱이 얼마나 실한 과일인가! 윈스럽의 서술에서 버뎃은 1638년 11월에 피스카타쿠아(Piscataqua)라는 곳에 정착한 상태로 등장한다. 윈스럽이 버뎃을 기록한 이유는 자신이 매사추세츠에서 추방한 몇 사람에게 피신처를 제공한 버뎃이 다시 한번 곤경에 빠져 있었기 때문이다. 식민지 시대 아메리카는 고국에 계속 충성을 바치는 이들과 종교적·정치적 자치를 추구하는 이들로 분열된, 정치적으로 문제가 많은 곳이었다. 윈스럽은 매사추세츠 총독으로서 후자 편이었고, 버뎃은 전자 편이었던 것으로 보인다.

1638년 12월, 윈스럽은 이렇게 기록했다.

총독이 힐튼 씨에게 보낸 버뎃 씨와 언더힐 대위에 관한 편지를 그들이 가로채서 개봉했다. 그런 다음 잉글랜드에서 오는 어떤 권위자에게도 저항하기로 우리가 결의했음을 알고 있다는 둥 우리에게 적대적인 편지를 써서 곧바로 잉글랜드에 보냈다. 그들은 총독의 편지를 읽고 극도로 동요해 그렇게 했지만 어떤 이익도 얻을 수 없었는데, 총독이 편지를 쓸 때 힐튼 씨가 그들에게 편지를 보여줄 것을 감안했기 때문이다.

잠시 멈추고 이 증거의 낯선 점들을 따져보자. 우선 처음 등장한 이들이 누구인지 확인할 필요가 있다. 잠시 색인을 들여다보면 힐튼은 매사추세츠의 또다른 정치가였고 언더힐은 훗날 네덜란드가 소유한 식민지에 맞서 반란을 주도했다는 사실이 드러난다. 우리는 윈스럽이 일기에서 자신을 3인칭으로 가리킨다는 것, 따라서 다른 이들이 볼지도 모르는 반쯤 공적인 글을 쓰고 있음을 의식한다는 것에 주목해야 한다. 우리는 윈스럽의 내밀한 생각은 모르지만 그가 기록하기로 **선택한** 것은 알고 있다. 또한 우리는 버넷이 편지를 가로채 잉글랜드로 보낸 사실을 윈스럽이 어떻게 알았을지 생각해봐야 한다. 그런데 이 경우 답을 찾지 못한다. 마지막으로 우리는 편지를 쓰는 윈스럽의 기술, 즉 다른 이들이 보아도 해를 입지 않을 방식으로 쓴 그의 기술을 고려해야 한다. 우리가 아는 한 이 편지는 남아 있지 않지만, 잠시 이 편지가 존재한다고 상상해보자. 그럴 경우 역사가는 (『일기』가 없다면) 무언가를 말하지만 다른 무언가를 의미할지 모르는 편지를 해석해야 할 것이다. 사료는 투명하고 순진한 문헌이 아니다. 사료는 특정한 환경에서 특정한 독자를 염두에 두고 쓰인다. 윈스럽 편지의 경우, 한편으로는 힐튼 씨라는 특정한 독자를, 다른 한편으로는 겉으로 드러났듯이 버뎃과 언더힐이라는 미심쩍은 독자를 염두에 두고 쓰였다.

『일기』의 다른 내용은 윈스럽과 버뎃이 계속 앙숙 관계였음을 보여준다. 예를 들어 1639년 5월 윈스럽은 버뎃이 캔터베리 대주교 윌리엄 로드에게 보낸 편지를 발견했는데, 그 편지는 식민지의 자치 시도를 맹비난하는 내용이었다. 이 편지의 사본 한 통이 다른 문헌(런던 공공기록보관소의 국가문서)에 섞여 살아남았으므로 우리는 이 증거와 결합함으로써 윈스럽의 서술을 한층 자신 있게 신뢰할 수 있다. 1640년 3월경 버뎃은 피스카타쿠아의 "총독 겸 설교사"가 되었던 것으로 보인다(잉글랜드에서 새로 온 사람이 자기 지역에서 설교하려 하자 버뎃이 저지하면서 말한 사실이다). 마침내 1640년 여름 잉글랜드에서 온 토머스 고지라는 법률가가 버뎃의 지역으로 이동했다고 윈스럽은 전한다. 윈스럽에 따르면 거기서 고지는

모든 것이 엉망진창임을 확인했는데, 버뎃 씨가 모든 것을 지배하고 제멋대로 욕정을 채워 교만하고 간통을 일삼기로 악명이 자자했기 때문이다. 이웃들은 고지 씨가 상황을 개선할 적임자임을

알아채고서 그(버뎃―저자주)에 대한 불만을 털어놓았고, 그를 붙잡아 자기네 법정으로 끌고 가는 등 그를 사납게 다루었다.

버뎃은 약 30파운드의 벌금을 부과받았다. 그러자

그(버뎃―저자주)는 잉글랜드에 호소했으나 고지 씨는 그의 호소를 들어주지 않고 그가 가진 소의 일부 등을 몰수했다. 그러자 버뎃 씨는 잉글랜드로 갔으나 거기에 도착하고 보니 국가가 너무 변해 있어서 희망이 좌절되었고, 왕당파에 가담한 이후 투옥되었다.

다시 한번 잠시 멈추자. 우리에게 이 서사를 전해주는 윈스럽의 서술의 취지는 그의 매사추세츠 통치를 다달이 기록하는 것이다. 그러나 위 인용문의 마지막 구절을 자세히 따져보면 윈스럽이 사건이 일어난 이후에 기록했던 것처럼 보인다. 다시 말해 버뎃이 잉글랜드로 돌아간 **이후에** 일어난 사건을 말해주는 것처럼 보인다. 이 사건은 분명 버뎃이 법정에서 판결을 받고 한참 후에 일어났다. 그리고 이 사건에 대한 소식이 (배편으로) 매사추세츠에 닿기까지 분명 몇 주가 더 걸렸을 것이다. 더욱이 "왕당파에 가담한 이후"라는 말은 올리버 크롬웰(Oliver Cromwell)의 의회파와 찰스 1세의 왕당파가 격돌한 영국 내전에 버넷이 개입했다는 말처럼 들린다. 그러나 영국 내전은 1642년에야 시작되었다. 그렇다면 1640년에 어떻게 버넷의 미래가 윈스럽에게 알려질 수 있었던 걸까? 이런 일은 윈스럽의 서술이 나중에 쓰였을 경우에만 가능하다. 윈스럽의 『일기』는 다른 모든 역사적 증거 조각과 마찬가지로 조심스럽고 신중하게 이용해야 한다. 역사가를 속이기 위해 작성된 문헌은 드물지만, 문헌은 부주의한 사람을 언제든지 골탕 먹일 수 있다.

여하튼 우리는 문헌 사료들을 짜맞추어 진실한 이야기를 또 하나 구성했다. 다시 말해 청교도 설교사이자 어쩌면 난봉꾼이었을 조지 버넷이 야머스에서 신임을 잃은 뒤 아내와 자식들을 버리고 신세계로 넘어가고, 새로운 터전에서 어느 정도 높은 위치까지 올라갔으나 다시 낮은 위치로 떨어지고, 잉글랜드로 돌아와 내전에서 왕의 편에 가담했다가 결국에는 투옥된 과정을 구성했다. 이 이야기는 언제 어디서 끝나는가? 사료가 다 떨어지거나 우리의 기력이 다 떨어질 때 끝난다. 그러나 어떻게 보면 언제나 후자로 끝난다. 조지 버넷 이야기는 언더힐 대위 이야기, 또는 토머스 고지 이야기, 또는 영국의 종교개혁 이야기, 또는 식민지의 자유 이야기, 또는 영국 내전 이야기와 연결될 수 있기 때문이다. 버넷 이야기는 그 자체로 꽤나 만족스러운 이야기다. 그렇지만 이 이야기에 아직 구명들이 있음을 잊지 마라. 우리는 야머스의 버넷 부인에게 어떤 일이 닥쳤는지 모른다(그렇지만 그녀와 자식들이 조지 없이도 오랫동안 행복하게 살았으리라 기대할 수 있는데, 17세기 말 야머스의 자유인 명단에서 '버넷' 성을 가진 사람들을 발견할 수 있기 때문이다). 우리는 윈스럽이 정보 대부분을 대체 어떻게 얻었는지, 또는 그가 자신이 아는 것을 전부 말했는지 알지 못한다. 무엇보다 우리는 호기심이 생길 만큼 모순적인 인물이었던 듯한 조지 버넷을 낱낱이 알지 못한다. 버넷은 종교인이었으되 가족을 버렸고, 교회 개혁가였으되 국교회의 관행을 따르지 않아 야머스에서 추방당했고, 그러면서도 신세계에 도착한 뒤 왕의 편을 들고 훗날 잉글랜드로 돌아가 내전에서 왕을 위해 싸웠으며, 열렬한 설교사였으되 이웃들로부터 "교만하고 간통을 일삼는다"라는 비난을 들었다. 우리는 버넷이 쓴 편지를 두 통 가지고 있다. 하나는 앞에서 언급한, 매사추세츠의 정치를 맹비난하는 편지이고, 다른 하나는 그에 앞서 대주교 로드에게 보낸 편지다(이 역시 국가문서에 섞여 있다). 이 편지는 1635년 12월 27일에 뉴잉글랜드 세일럼(Salem)에서 보낸 것이다. 여기서 버넷은 신세계로 떠난 이유를 설명하는 것으로 보인다.

저의 자발적인 망명은 비난을 받고 있습니다. 경솔한 행동이라거나 위장이라거나 이보다 더 나쁜 비난이 제게 쏟아지고 있습니다. 그러나 진실은 제가 규칙을 따랐고, 그런 까닭에 진실로 순종하는 성직자였다는 것입니다. …… 저는 예하께서 저와 저의 방식에 대한 판단을 재고하시도록 이 점을 예하께 전해야겠다고 생각했습니다. …… 〔떠난 이유는—저자주〕 성급하고 악의적인 고발과 감당할 수 없는 비용이었습니다. 결국 저는 머나먼 타지에서 평온을 찾았습니다. 고국에서 이 평온을 누릴 수 있다면 저는 한없이 기쁠 것입니다.

이 편지의 전반적인 취지는 분명하다. 버넷은 대주교가 자신의 오명을 씻어주기를, 그래서 어쩌면 언젠가 고국으로 돌아갈 수 있기를 바라고 있다. 세세한 내용은 덜 분명한데, 특히 미사여구가 많고 젠체하는 버넷의 문체 때문에 그렇다. "악의적인 고발"로 인한 "감당할 수 없는 비용"은 법정 사건을 가리키는 듯하다. 실제로 국가문서의 소송 사건표(상당히 상세한 검색 도구)를 조사하면 버넷이 종교적 부정행위 혐의로 1634년과 1635년에 특설고등법원에 고발당했음을 확인할 수 있다. 이렇게 해서 우리는 버넷이 떠난 이유에 관해 더 알게 되지만, 그렇다고 모든 물음에 대한 답을 얻은 것은 아니다. 아직까지 우리는 버넷이 고국에 남아서 자신을 변호하지 않고 가족을 떠나기로 결심한 이유를 확실히 알지 못한다. 사료가 입을 다무는 어느 순간부터 역사가는 추측을 시작해야 한다. 즉 문헌을 **해석**해야 한다.

우리는 아내와 자식들에 대한 버뎃의 감정을 알려주는 진술은 가지고 있지 않지만, 버뎃이 떠난 탓에 가족이 '궁핍'해졌고 그가 뉴잉글랜드에서 '간통' 혐의로 고발당했다는 것은 알고 있다. 그렇다면 버뎃의 결혼생활이 그리 원만하지 않았다고 추측해도 되지 않을까? 이것은 증거에 부합하는 타당한 추측일 수 있지만, 그럼에도 틀림없이 **추측**이다. 그렇다면 고국으로 돌아가기까지 버뎃의 활동은 어떻게 생각해야 할까? 왕의 편에서 싸우기로 한 선택이 버뎃의 심경 변화를 나타낸다면, 우리는 식민지―고국의 통제에서 벗어나려는 '멋진 신세계'―에서의 경험을 심경 변화의 이유로 들 수 있지 않을까? 어쩌면 버뎃은 자신의 미래상이 구체적인 현실에서 일정 부분 실현되는 광경을 보고 질겁했던 걸까? 아니면 우리의 설교사는 새로운 터전에 도착하자마자 귀환할 방법을 찾았고, 그래서 충성의 대상을 식민지 주민들에서 잉글랜드 군주로 바꾸는 편이 현명하다고 생각했던 걸까? 둘 다 타당한 추측이며 누군가는 둘 다 조금씩 받아들일지도 모른다. 우리는 확실히 알지 못하지만, 이런 작은 다리들을 놓으면서 우리의 서사를 따라 계속 전진할 수 있다. 그러나 이 다리들을 우리가 놓았다는 것은 유념해야 한다. 분명 우리는 다리를 지탱하는 증거를 인용할 수 있지만, 그렇다고 해서 다리를 놓은 우리의 역할을 부인할 수 있는 것은 아니다. 역사가는 이런 작은 다리를 만들어야 하지만, 누가 어떤 이유로 다리를 놓았는지 잊을 수도 없고 잊어서도 안 된다. 또한 역사가는 모든 다리가 소액의 통행료를 요구할지도 모른다는 사실, 다시 말해 만족스러운 길을 계속 걸어가게 해주는 대신 다른 길들을 차단하거나 통행하지 못하게 할지도 모른다는 사실을 무시할 수도 없고 무시해서도 안 된다.

다르게 추측할 수도 있기 때문이다. 버뎃이 아내를 끔찍이 사랑했고, 자식들과 헤어져야 해서 몹시 고통스러워했고, 가족을 데려가려 했으나 자식들이 원치 않았거나 이주 비용 때문에 좌절했던 것인지도 모른다. 버뎃이 로드 대주교에게 보낸 편지에서, 야머스에 떠도는 자신에 대한 험담은 거짓말이라고 주장했던 것처럼, 버뎃이 호색한이라는 윈스럽의 보고가 정적(政敵)을 겨냥한 중상에 지나지 않을지도 모른다. 영국 내전을 연구하는 역사가들은 의회파와 왕당파가 종교를 이유로 양분된 것은 아니라고 말하므로, 버뎃이 충성의 대상으로 왕을 선택했다는 것도 놀랍지 않은 사실일지 모른다. 이런 식으로 계속 추측할 수 있다. 그러나 결국에는 선택을 해야 한다. 다시 말해 추측은 어디까지나 추측이라는 데 유념하면서도 계속 따라갈 만큼 확실한 하나의 추측을 선택해야 한다.

너무 많은 추측을 따라간다면 우리는 길을 잃을 것이다.

사료는 '스스로 말하지' 않으며 결코 그런 적이 없다. 사료는 이제는 죽어 영원히 사라진 다른 이들을 대변한다. 사료에는 목소리들, 방향을 제시하고 물음을 유도해 다른 사료로 나아가게 하는 목소리들이 담겨 있을지 모른다. 그러나 그 목소리들은 자기의지가 없다. 다시 말해 역사가가 되살릴 때에만 활기를 띤다. 게다가 사료가 하나의 시작점이긴 하지만, 기술을 발휘하고 선택을 하는 역사가는 사료 이전과 이후에 존재한다. 어째서 다른 문헌이 아닌 이 문헌인가? 어째서 다른 증서가 아닌 이 증서인가? 더 나아가 어째서 법정 기록이 아닌 증서를 살펴보는가? 어째서 일기가 아닌 통치기구의 서술을 연구하는가? 어떤 물음을 따라가고 어떤 길을 선택할 것인가?

그렇다고 해서 진실한 이야기의 방향이 오로지 역사가의 변덕에 따라 결정된다는 말은 아니다. 버넷의 사례가 보여주듯이, 문헌은 우리가 따라갈 특정한 방향들을 제시한다. 사료는 우리가 미처 고려하지 않았던 새로운 길을 드러내는 돌출부를 제시해 우리를 놀라게 하기도 한다. 윈스럽의 일기를 읽다보면 자신이 찾는 내용보다 덜 중요한 다른 내용에도 눈길이 가기 마련이다. 예를 들어 버넷에 대한 윈스럽의 두번째 언급 직후에 이런 대목이 이어진다.

악마는 우리의 평화를 교란하고 꼭두각시를 차례로 불러모으는 일을 결코 멈추지 않을 것이다. 그중에서도 세일럼에는…… 예수의 이름에 고개 숙이기를 거부해 잉글랜드에서 얼마간 고생했던 여자가 있다…….

버뎃처럼 예수의 이름에 고개 숙이기를 거부했다는 구절이 눈길을 붙잡지만, 악마와 여자, 세일럼의 결합 역시 그렇다(17세기 후반 세일럼은 마녀재판으로 악명이 자자했고, 여성 다수가 여기서 처형을 당했다). 이 작은 미끼에 이끌린 사람은 버뎃에 대한 다음 언급을 찾다가 보스턴에서 한 여자가 처형당한 다른 사례를 발견하게 된다. 그 여자는 "사탄에 너무나 사로잡혔던 탓에, 사탄은 (그녀에게는 신의 계시로 들린 착란을 이용해) 그녀의 아이의 목을 부러뜨려 아이를 미래의 비탄에서 구하라고 그녀를 설득했다". 오싹하지만 호기심을 자극하는 사례이므로…… 그 사람은 다른 사례들을 찾기 시작한다. 그리하여 새로운 이야기가 시작되며, 그 출발점은 사료의 목소리들과 역사가의 관심사들 사이 어딘가가 된다.

역사가는 그저 '문서고를 보고하는 사람'이 아니다. 역사가의 일이 그뿐이라면, 역사가는 새빨간 거짓말까진 아니더라도 십중팔구 절반의 진실과 혼란을 되풀이해 말할 것이다. 사료가 순진하지 않기 때문이다. 사료의 목소리들은 특정한 목표를 말하고 특정한 결과를 의도한다. 사료는 지나간 현실의 거울이 아니라 그 자체가 사건이다. 우리는 존 윈스럽이 조지 버뎃을 좋아하지 않았고 (다른 사람의 목소리를 통해) 버뎃이 간통을 범한 사람임을 우리에게 말해준다고 추측할 수 있다. 이것이 완전한 진실일까? 완전한 진실이든 아니든, 윈스럽은 왜 버뎃에 관해 적고 기록하기로 마음먹었을까? 무언가를 적는 일은 특히 20세기 이전의 일이라면 보기 드문 사건으로 여겨야 하며, 따라서 그에 대한 설명이 필요하다. 윈스럽의 적대감 (개인적 적대감보다 정치적 적대감이었을 것이다) 때문에 그의 증거가 타당성을 상실하는가? 그렇다고 하면, 우리는 조지 버뎃에 관한 진실한 이야기를 단념하고 그를 과거의 침묵 속에 남겨두어야 하는가? 역사가는 선택을 하고 이야기를 계속한다.

새로운 질문은 언제든지 있다. 왜 그런가? 사료를 보는 새로운 시각 때문에, 사료 이전과 이후에 보이는 다른 사료 때문에, 역사가가 걸어가는 다른 길 때문에 그렇다. 그러나 주된 이유는 사료에 틈, 여백, 생략, 침묵이 있기 때문이다. 사료는 말을 하지 않으며 전부 이야기해주지 않는다. 최근에 어느 프랑스 역사가가 말했듯이, 이것은 역사의 불가능성인 동시에 가능성이다. 역사는 완전한 진실을 지향하면서도 알려지지 않고 남을 수밖에 없는 무수히 많은 것들 때문에 결코 그 진실에 도달할 수 없다(기껏해야 진실한 이야기일 수 있을 뿐이다). 그렇지만 과거가 자명한 진실이 아닌 **연구**의 주제가 되도록 해주는—더 정확히 말하면 요구하는—것이 바로 이 문제다. 과거에 일어난 일을 발견하는 과정에 문제가 전혀 없다면 (전문직이든 아마추어든) 역사가가 필요 없을 것이고 따라서 역사도 없을 것이다—논란이나 의문 없이 '일어난 일'만 있을 것이다. 역사의 시작점은 사료 안에만 있는 것이 아니라 사료 내부의 틈이나 사료들 사이에도 있다. 노리치 기록보관소가 소실된 사건은 잠재적 비극이었다. 실제로 일어난 일을 말하자면, 불길이 유일무이한 신문과 사진들을 집어삼키긴 했으나 보관 중이던 더 오래된 문헌들은 대부분 살아남았다. 나는 이 장 첫머리에서 대상은 위험에 처해 있을 때 더 분명하게 보이곤 한다고 말했다. 그러니 어쩌면 이렇게 생각할 수도 있을 것이다. 역사가 생겨나려면 문서고가 (물론 상징적으로) 홀랑 타버려야 한다. 우리에겐 사료가 반드시 필요하다. 그러나 침묵 역시 반드시 필요하다.

제 5 장

천릿길의 여정

역사 | History

 "천릿길도 한 걸음부터"라는 속담이 있다. 조지 버넷의 역사를 일부 복원하는 일이 우리에게는 한 걸음이었다. 이제 어디로 가야 할까?

 역사가들의 여정과 그들이 들려주는 이리저리 헤맨 이야기는 그 길이가 제각각이다. 버넷의 인생을 우리가 아는 대로, 그리고 앞에서 말한 대로 이야기하는 것도 얼마든지 가능하다. 그러나 모두의 삶은 다른 이들의 삶과 교차하고, 그들의 역사는 더 큰 변화와 교차한다. 우리는 오랜 여정의 빈 공간에, 더 긴 여정에서 의미를 발견하고 논쟁을 살펴볼 가능성에 이끌린다. 버넷은 적어도 두 가지 더 긴 이야기, 즉 영국 내전과 아메리카 식민화의 일부다. 우리는 영국이 어떻게 내분으로 치달았는지 알고 싶을 수도 있고, 멋진 신세계의 식민화가 끼친 영향―관련된 사람들에게, 후대의 당파들에게―을 이해하려 시도할 수도 있다. 또한 버넷이 이런 이야기에 어떻게 들어맞는지, 또는 이런 이야기를 어떻게 바꾸었는지에 관해 생각할 수도 있다. 그러기 위해 우리는 더 큰 이야기를 말할 방법을 찾아야 한다.

역사를 만드는 일은 몇 종류의 추측을 포함한다. 잔존하는 증거의 '빈틈을 채우려' 하는 과정은 앞에서 살펴보았다. 이 장에서 살펴볼 것은 그 이상의 과정이다. 다시 말해 더 많은 양의 자료를 어떻게 종합하고 더 큰 이야기가 제시하는 윤곽선을 어떻게 활용할 것인지 생각하는 과정이다. 이 과정에서 역사가는 시간의 흐름에 따른 변화만이 아니라 연속성까지 의식하고, 그런 변화와 연속성을 설명하려 한다. 그렇지만 역사가는 같은 길을 앞서 걸어간 이들, 다른 역사가들의 서술과 논증도 의식한다. 동의하든 깨부수든 무시하든, 역사가는 다른 역사가들의 서술과 논증도 반드시 다루어야 한다. 이야기를 창작하는 과정은 건축물이 생길 때까지 그저 벽돌 위에 벽돌을 쌓는 과정이 아니다. 그 과정은 기술하는 사태의 원인과 결과를 결정하는 일, 다른 역사가들이 이미 말한 것과 교섭하는 일, 이야기의 **의미**를 논증하는 일을 포함한다.

영국 내전으로 시작하자. 의사록을 바탕으로 버넷에 관한 서술을 되살리는 것과 꼭 마찬가지로, 역사가는 잔존하는 증거를 바탕으로 전쟁에 관한 서술을 구축한다. 그러나 이 과정은 당연히 훨씬 많은 일과 한결 어려운 선택을 수반한다. 누군가 초점을 맞추는 증거의 종류는 의심할 나위 없이 그가 말하는 이야기에 영향을 끼친다. 예를 들어 누군가 주로 이야기식 서술, 왕실 문헌과 의회 의사록을 살펴본다면, 그의 이야기는 명백히 정치적인 이야기로 보일 것이다. 이를테면 찰스 1세가 17세기의 이사분기 동안 정치적·경제적·종교적 분쟁에 말려들어 결국 1642년 왕과 의회 사이에 전쟁이 발발한 과정을 다룬 이야기로 보일 것이다. 찰스 1세는 1649년 처형당했고, 단기간 동안 의회가 영국을 통치한 뒤 올리버 크롬웰이 '호국경'(Lord Protector, 공화국 지도자의 기묘한 합법적 지위) 자리에 올랐다. 1660년, 찰스 2세가 영국 왕위를 탈환했다. 이것은 주로 사건 이야기, 즉 왕의 처형, 의회파와 왕당파의 전투, 공화국 내부의 정치, 새로운 군주의 승리를 말하는 이야기다. 정치사가들은 이런 사건들의 원인이 무엇인지 어느 정도 설명해야 하는데, 그들이 내놓는 답변은 각자의 관심사에 따라 얼마간 다르다. 그럼에도 그들 대다수는 찰스 1세가 귀족의 지지를 규합하지 못한 다소 무능한 군주라는 점, '통치' 관념을 둘러싼 긴장, 특히 최고 통치권을 가지고 있던 군주와 의회를 이용해 정치를 중재함으로써 발언권을 강화하려던 의원들 사이에 긴장이 감돌고 있었다는 점, 외국의 사태(유럽 대륙의 사태뿐 아니라 특히 가톨릭을 믿은 아일랜드의 사태) 또한 영국의 사태에 영향을 끼쳤다는 점에 동의한다.

이 '정치적' 이야기에서 변화의 원인들은 무엇인가? 이 이야기는 무엇을 **의미**하는가? 정치사가들이 전부 한 진영에 속한다는 생각은 불공평하고 부정확한 생각이다. 그렇지만 '정치적' 이야기 안에서 변화의 원인이 인간의 유능이나 무능(무능했던 찰스 1세와 처음에는 유능했던 크롬웰)이라는 생각은 타당한 생각일 것이다. 이 이야기는 이데올로기의 힘(군주정 대 공화정)에 영향을 받고, 어느 정도 우연(전투에서 한쪽이 뜻밖에 패하는 경우 같은)에 종속된다. 또한 이 이야기는 의회민주주의의 발전 같은 '거대서사'(수세기를 아우르는 아주 큰 이야기)의 한 부분을 이룬다고 말할 수 있다. 이런 거대서사가 주장하는 '의미'는 (제3장 끝부분에서 말했듯이) 영국 정치문화의 '우월성'이다. 이런 의미는 명시적으로 언명될 수도 있고, 이야기의 구조나 이야기에 대한 논평에 숨어 있을 수도 있다. 일부 정치사가들은 원인과 의미를 명시적으로 말할 필요가 없다고 생각한다. 사건의 행로를 이야기하는 것으로 충분하다는 것이다. 그들은 서사 자체가 '일어난 일'을 충분히 밝혀준다고 생각한다.

가장 조야한 정치사는 19세기 후반의 주형(鑄型)에 여전히 매달리고 있다. 바로 '위대한 사건들'을 이야기하고 '위대한 남자들'(또는 반대로 '진정 끔찍한 남자들')이 누구인지 판정하는 역사다. '위대하다'고 불릴 만한 남자들과 여자들(이상하게도 후자는 훨씬 드물게 언급된다)이 과거에 있었고 지금도 있음을 부인한다면 무례한 사람으로 비칠 테지만, 정확히 무엇을 근거로 위대하다는 형용사를 붙이는지, 그리고 그 형용사가 해당 인물에 대해 뭐라도 알려주는지 아니면 그렇게 딱지를 붙이는 역사가의 취향을 더 많이 알려주는지는 덜 분명하다. 예컨대 어느 선에서 '위대함' 딱지가 떨어지고 그저 '유능함' 딱지가 붙기 시작하는가? '유능한 남자들'은 역사에서 아무런 역할도 하지 않는가? 그리고 우리는 누가 고른 '위대한 남자들(과 여자들)'에 대해 말하고 있는가? 내가 좋아하는 인물을 몇 명 꼽자면 12세기 비잔티움의 공주로 가장 아름다운 역사 저작 중 하나인 『알렉시아스Alexiad』를 쓴 안나 콤네나(Anna Komnena), 16세기 방앗간 주인으로 신과 창조에 관한 독특한 생각으로 종교재판에 도전했던 메노키오[Mennochio: 이탈리아 역사가 카를로 진즈부르그가 『치즈와 구더기』에서 분석하는 인물], 20세기 초에 활동한 무정부주의자로 한때 '미국에서 가장 위험한 여자'라 불렸고 러시아 혁명에 대해 "춤출 수 없다면 나는 끼지 않겠다"라고 말한 엠마 골드만(Emma Goldman)이 있다. 내게는 이들이 '위대함'을 성취한 이유를 뒷받침하는 견고한 논거가 있다—그러나 여러분도 자신의 선택을 뒷받침하는 타당한 근거를 가지고 있는지는 모르겠다. 우리 주변에 '위대한 인물'이 놀랄 만큼 많은 것일 수도 있고, 위대함을 부여하는 놀이가 역사상 10대 명반을 꼽는 행위와 더 비슷한 것일 수도 있다.

더 중요한 점은 역사적 인과관계에 대한 '위대한 인물' 이론들—실은 그리 위대하지 않은 인물들이 내린 결정을 다루는 이론들—이 권력자 개인의 좋은 결정이나 나쁜 결정이 사태의 원인이라는 믿음에 의존한다는 것이다. 정치지도자들이 권력을 휘두르고 그들의 선택이 다른 이들의 삶에 영향을 끼친다는 사실을 부인하는 것은 어리석은 행동이다. 그러나 나머지 사람들의 반응과 선택을 망각하는 것도 똑같이 어리석은 행동이 아닐까? 전투의 승리는 노련한 지휘관 덕분이기도 하지만, 죽기살기로 싸우는 사람들, 전투를 고취하는 이념, 군대를 뒷받침하는 경제체제, 무기를 공급하는 제조업 기반 덕분이기도 하다. 여하튼 단 한 차례의 전투로 사태의 행로가 바뀌는 경우가 몇 번이나 있을까? 영국 내전은 수차례의 전투와 충돌을 수반했다. 따라서 물어야 할 질문은 이러할 것이다. 상황이 어떠했기에 사람들이 계속 싸우고자 했는가?

과거에 일어난 일은 의심할 나위 없이 사람들이 내리는 결정에 영향을 받고 더 나아가 좌우되기까지 한다. 그러나 사람들의 의도와 현실에서 나타나는 의도의 결과는 대개 같지 않다. 여기에는 시대가 한 가지 요인으로 작용한다. 1517년 마르틴 루터가 비텐베르크 교회의 문에 95개조 논제를 붙였을 때, 분명 그는 가톨릭교회 내부에서 (그에 앞서 많은 이들이 사용했던 방법과 동일한 방법으로) 특정한 활동에 항의할 의도였다. 그렇지만 루터가 유럽의 종교적 외형을 바꾸거나 개신교도와 가톨릭교도 간의 무수히 많은 종교전쟁을 촉발할 의도였는지는 덜 분명하다. 뒤이은 모든 사태의 책임을 루터에게만 지울 수는 없다. 루터의 95개조 논제를 접한 **동시대인들**이 있었고, 그들의 선택(그리고 그들 선택의 예상치 못한 결과) 역시 사태에 영향을 끼쳤기 때문이다. 더욱이 그들의 선택과 그 결과는 사회 구조와 경제적 변화, 문화적 관념이라는 맥락 안에서 나타났다.

우리는 사회에 관해 생각하며 영국 내전에 접근할 수도 있다. 사회사가는 정치사가와는 사뭇 다른 증거에 집중하곤 한다. 특히 사회사가는 보통사람들과 관련된 정보를 발견할 가능성이 더 큰 행정적·국지적 기록에 집중한다. 이런 정보 중 일부, 이를테면 소득신고서, 상품과 매출액 목록, 소득과 지출 기록을 살펴보면 경제적 분석을 할 수 있다. 20세기 들어 역사가들은 주로 카를 마르크스의 영향을 받아 경제적 변화상에 점점 더 관심을 쏟아왔다. 영국 내전에 대한 고전적 마르크스주의 서술은 부상하는 '중간층'(독립자영농, 상인, 귀족 아닌 부자)과 기성 엘리트층(젠트리, 귀족, 왕) 간의 계급투쟁을 이야기한다. 이 커다란 이야기에서 전쟁은 전반적인 '자본주의로의 이행'(또다른 '거대서사'), 다시 말해 전통과 위계구조에 따라 운영되는 '봉건' 사회에서 임금이 의무를 대체하고 개인의 이윤 추구가 전통적인 보수주의보다 중시되는 자본주의 사회로의 이행의 일부가 된다. 영국 내전(과 다른 많은 주제들)에 대한 마르크스주의적 해석은 근래 들어 인기가 시들해졌는데, 이따금 복잡한 그림을 지나치게 도식적인 모형 안에 억지로 밀어넣으려 했기 때문이기도 하지만, 소련이 붕괴한 탓에 마르크스주의 일반이 겉보기에 신뢰를 잃었기(중국과 쿠바를 비롯한 일군의 다른 공산주의 국가들이 여전히 존재한다는 사실을 편리하게 잊어버리는 논변) 때문이기도 하다.

물론 마르크스는 주로 정치사상가로 기억되고 있다. 그러나 마르크스와 그의 동지 프리드리히 엥겔스는 역사의 해석에도, 장기간에 걸쳐 사회에서 변화가 어떻게, 왜 일어나는지 설명하는 일에도 관심을 기울였다. 마르크스는 20세기에 다른 누구보다도 역사서술에 큰 영향을 끼쳤을 것이다. 역사가들이 사회와 경제, 문화에 관한 마르크스의 사상을 따라잡기까지 오랜 시간이 걸리긴 했지만, 그는 사회사가들에게 엄청나게 유용한 존재가 되었다. 영국에서는 1930년대부터 마르크스주의 역사가들이 정력적으로 글을 쓰기 시작했다. 에릭 홉스봄(Eric Hobsbawm), 도러시 톰슨(Dorothy Thompson), 출중한 E. P. 톰슨(E. P. Thompson) 같은 이들은 이 영향을 미국의 역사서술에 전해주었다. 프랑스와 이탈리아에서는 마르크스가 사회과학 전반에 심대한 영향을 끼친 반면에, 독일은 자국의 가장 유명한 아들로 손꼽히는 인물과 다소 정신분열증적인 관계를 유지해왔다. 러시아에서는 마르크스가 역사서술에 끼친 영향(더 정확히 말하면 그 영향의 한 버전)이 강요된 탓에 다른 모든 관점이 손상을 입었다.

오늘날 글을 쓰는 모든 역사가는 사실상 마르크스주의자다(marxist, 대문자 'M'이 아닌 소문자 'm'). 이 말은 역사가들이 모두 '좌파'라거나(그와는 거리가 멀다) 그들이 마르크스에 진 빚을 반드시 인정하거나 기억한다는 뜻이 아니다. 그러나 마르크스 사상의 핵심 요소는 오늘날 역사가들이 사실상 당연하게 받아들일 만큼 그들의 관념에 깊숙이 배어들었다. 그 요소란 사회적·경제적 환경이 사람들이 그들 자신과 그들의 삶, 그들을 둘러싼 세계에 관해 생각하는 방식에 영향을 끼치고, 그리하여 행동에 나서도록 그들을 추동한다는 통찰이다. 그들이 사회적·경제적 환경에 의해 완전히 **통제된다**는 뜻이 아니다. 마르크스 자신이 이렇게 썼다.

인간은 자신의 역사를 만들지만 자기 마음대로 만들지 않는다. 인간은 자신이 선택한 환경이 아니라 직접적으로 부딪히는, 주어진, 과거로부터 물려받은 환경에서 만든다.

영국 내전을 다루든 다른 어떤 주제를 다루든, 그 주제에 대한 거의 모든 해석은 특정한 사태가 일어난 사회, 그 사태에 관련된 이들의 경제적 위치와 이해관계를 검토하는 것이 유용하다는 생각을 당연하게 받아들일 것이다. 모든 역사가가 '계급'에 대해, 또는 봉건제에서 자본주의로의 변화에 대해 말하진 않을 것이다. 그러나 그들은 이를테면 '젠트리'든 '중간층'이든 '중간계급'이든 특정한 집단의 '부상'(보통 경제적·정치적 영향력의 증대를 의미)에 관심을 기울인다. 사회사가들은 영국 내전에 대한 다양한 해석을 내놓았는데, 이 사태를 반드시 '자본주의로의 이행'으로 해석하진 않으면서도 특정한 부류를 빈곤하게 만들고 다른 부류를 부유하게 만들어 사회계층화를 심화시킨 17세기의 경제적 변화(특히 인구 증가, 가격 폭등, 지역 시장을 겨냥한 생산에서 전국 시장을 겨냥한 생산으로의 변화)에 주목했다. 이런 변화에 대한 인식은 분명 정치적 상황에 영향을 끼친 사회적 불안정성에 대한 인식으로 이어졌다.

사회사는 예컨대 물질적 조건이 사회에서 일어나는 변화에 어떻게 영향을 끼치는지 생각하는 식으로 보통 경제적 요인들을 계속 주시하지만, 사회사의 관심 영역은 이보다 넓다. 사회사가는 재화와 소득의 이동을 연구할 뿐 아니라 일반 대중의 생각과 감정, 행위를 분석하기 위해 다른 증거―특히 법정 기록―도 추가로 활용한다. 이런 증거를 분석하는 역사가는 이따금 다른 물음을 제기하며 다른 방향으로 나아간다. 사회사가는 인류학과 사회학에 힘입어 사람들의 일상생활에서 나타나는 행위의 패턴, 즉 그들의 가족구조, 일상적 행동, 그들 주변의 사회적 공간을 배열하고 거기에 의미를 부여하는 방식을 조사할 수 있게 되었다. 이런 영역을 살펴보는 역사가는 다른 여정, 다른 물음으로 나아갈 수 있다. 이를테면 "결혼 패턴은 왜 변했는가?"나 "젠더에 대한 인식은 사회적 행위에 어떤 영향을 끼쳤는가?"와 같은 물음으로 나아갈 수 있다. 17세기 영국 사회를 다룬 많은 책들이 영국 내전을 아예 언급조차 하지 않는다―그 저자들에게 영국 내전은 다른 이야기의 일부, 자신이 관심을 두는 변화에 이렇다 할 영향을 끼치지 않은 사건이다. 수세기 동안 지속되는 비교적 안정적인 사회의 구조를 확인했다고 주장하는 다른 종류의 '거대서사'가 이런 분석에서 벼려져 나왔다. 이런 종류의 이야기에 따르면 15세기의 농업노동자와 18세기의 농업노동자는, 비록 두 시대 사이에 정체와 통치 방식이 명백히 변하긴 했지만, 실제로 크게 다르지 않았다.

근래에 역사가들은 갈수록 문화에 관심을 기울이기도 했다. 이런 관심 역시 인류학적 발상의 영향을 받아 생겨났다. 19세기 말에 인류학과 사회학은 역사학과 마찬가지로 '전문직화'되고 있었다. 그 결과 인간의 삶과 행위를 각기 다른 접근법으로 연구한 이들 학문은 '자기네' 영역에 대한 권리를 주장하며 서로 갈라졌다. 그렇지만 근래 들어 분과들은 다시 가까워졌다. 예컨대 다양한 인류학자들이 역사의 시대를 분석하는 일에 관심을 두었고, 많은 역사가들이 인류학의 이론적 통찰에 사로잡혔다. 이런 맥락에서 이해하는 '문화'는 단순히 음악과 연극, 문학 등을 의미하는 것이 아니다. 그 '문화'는 사유와 이해의 패턴, 언어의 양식, 인생의 의례, 사고방식을 가리키는 의미로 받아들여진다. 문화사가들은 경제적 환경이 사람들이 생각하고 행동하는 방식에 영향을 끼치고 그 방식의 강조점을 바꾼다는 마르크스의 견해를 받아들여, 사람들이 생각하는 **방식**이 그들과 사회 및 경제의 관계에 영향을 끼친다는 것을 논증했다. 사람들의 사고방식을 밝히려는 역사가는 특정한 시대의 예술과 문학을 연구할 수도 있지만, 문서 사료에 나타나는 언어와 행위를 분석할 수도 있다.

역사가 데이비드 언더다운(David Underdown)은 영국 내전을 분석하기 위해 영국 사회의 구성원들이 그들 자신을 바라본 상이한 방식들(그중 일부는 지리적 위치에 따라 가지각색이었다), 그들을 둘러싼 세계에 대한 그들의 생각과 두려움을 살펴보았다. 여기서는 종교가 중요한 역할을 했다. 특히 기성 교회가 지지한 전통적인 개신교 교의와 (언더다운이 보기에) '중간층' 일부가 설교한 더 급진적인 '청교도주의'의 차이가 중요했다. 전자 집단은 대체로 젠트리층에서 충원되었고, 복종과 의례를 강조했으며, 조화롭고 위계적이고 본질적으로 **정적**이고 '관습'에 의해 규제되는 사회질서를 믿었다. 부상 중이던 '중간층'과 연관된 후자 집단은 '교황주의적' 의례를 거부했고, 국가의 교회 통제를 싫어했으며, 사회가 균열되고 분열되어 있으므로 경건한 이들(그들 자신)이 사회를 **개혁**할 필요가 있다고 보았다. 앞 장에서 우리는 브룩스와 버넷도 이처럼 대립하는 관계였음을 살펴보았다.

그렇지만 종교적 차이를 더 넓은 문화의 일부로 볼 수도 있다. 축구와 같은 비종교적인 활동들은 투쟁의 일환이 되었다. 전통주의자들에게 (보통 두 교구 간의 몹시 난폭한 시합을 수반하는) 축구는 이웃들과 지역 공동체의 연대감을 강화하는 방편이었던 반면에 급진주의자들에게 축구는 무질서한 폭력과 자기네만 못한 부류를 '개혁'할 필요성을 실증하는 사례였다. 안정과 위기, 조화와 균열 중에 사회가 어느 쪽이냐는 문제는 다양한 사유 영역에 영향을 끼쳤다. 언더다운은 지역들 내부와 지역들 사이에서 '권리'와 '의무', '관습'을 둘러싸고 갈등하는 사태, 세상이 어떻게 돌아간다는 상이한 견해들을 둘러싸고 투쟁하는 사태를 발견한다. 사회―따라서 왕국―의 조화로운 상은 남편이 가장으로서 단호히 통제하는 가정에 비유되곤 했다. 흥미롭게도 17세기 영국 사람들은 가정 또한 무척이나 걱정했다. 그들은 남성을 자신의 통제 아래 두는 여성을 '잔소리꾼'과 (간혹) '마녀'로 여기며 두려워하는 등 '알맞은' 남녀 관계가 표류하고 있다고 우려했다. 전반적으로 보아 당시에는 영국 사회가 불안정하고 "세상이 뒤집혔다"는 강한 느낌이 있었다. '질서' 관념은 '정치적', '종교적', '문화적'이라는 딱지가 붙는 별개의 부분들로 나뉠 수 없었다. 그 부분들은 서로 연결되어 있었다. 그러므로 (언더다운의 판단에 따르면) 영국 내전의 큰 부분은 서로 다른 두 문화, 세상이 어떻게 돌아가야 한다는 서로 다른 두 이념 간의 투쟁이었다.

영국 내전에 대한 데이비드 언더다운의 '진실한 이야기'는 (주로 *그가* 말한 지역과 계급에 따른 편차의 정확성과 관련해) 다른 역사가들의 도전을 받았다. 그러나 언더다운의 분석 방법은 경제에 관한 사상, 정치에 관한 사상, 사회구조에 관한 사상, 문화에 관한 사상이 어떻게 단일한 분석에 함께 쓰일 수 있는지를 보여주는 좋은 사례다. 이것은 정말이지 놀랄 일이 아니다. 학자들은 '역사가', '경제학자', '사회학자', '인류학자' 중에 어떤 딱지를 붙이고 있든 사람들이 어떻게 존재하고 상호작용하는지 분석하는 활동에 관여한다. 접근법이 다르면 강조점도 다르므로 각 분과는 저마다 가장 흥미롭거나 중요하게 여기는 주제에 초점을 맞출지 모르지만, 전문 학자들은 때로는 그들이 기꺼이 인정하려는 정도보다 훨씬 더 공통점이 많다. 역사학 또한 자매 학문들로부터 그저 발상을 차용하는 데 그치지 않고 무언가를 되돌려주기 위해 애쓰고 있다. 한 가지를 꼽자면 역사학은 시간이 흐르면서 사태가 왜, 그리고 어떻게 **바뀌는지** 생각하도록 자극할 수 있다. 이런 면에서 언더다운의 서술은 흥미로운데, 사회가 정적이거나 안정적이라 보지 않고 얼마나 균열되고 분열되어 있었는지 강조하는 쪽을 택하거니와 17세기에 특히 **경쟁** 중이던 요소들을 찾아내고자 하였기 때문이다.

다음 장에서 '사람들의 사고방식'에 대한 분석을 추가로 논할 것이다. 우선은 역사가들이 어떻게 더 큰 이야기를 만들기 시작하는가라는 더 큰 물음으로 돌아가자. 우리는 자주 '원인'에 대해 말하고 이따금 '기원'에 대해서도 말한다. 이 두 술어는 복잡한 과정을 파악하는 데 유용한 상식적인 표현이지만 위험을 내포하고 있다. 예를 들어 (많은 역사가들이 했듯이) 영국 내전의 '기원'을 찾는 사람은 특정한 시점 이전에는 내전이 일어나지 않았을 거라고 암묵적으로 주장하는 것이다. 우리가 그 기원 이후의 사건들을 **단일한** 이야기로 본다면, 이 주장

17. 뒤집힌 세상. 젠더, 사회, 신체의 도치가 17세기 영국의 정치적 곤경과 결부되었다 (1647).

뒤집힌 세상: 또는, 이 심란한 시대의 우스꽝스러운 옷차림에 관한 짤막한 묘사
T. J. 지음. 왕과 의회, 왕국의 지지자
런던: 존 스미스 발행, 1647

은 참일지도 모른다. 그러나 우리가 17세기 영국과 관련해 말할 수 있는 이야기들(종교적 분쟁, 정치적 이상, 사회경제적 변화)의 다양성을 인정한다면, '기원' 관념을 지지하기가 더 어려워진다. 여하튼 '영국'이 존재하기 이전에 **영국** 내전이 발발할 수 있었겠는가? 이 경우 역사가는 영국이라는 실체가 어느 시점부터 존재했다고 말할 수 있을지 결정해야 한다(아주 복잡하게 얽히고설킨 문제로, 해명하려면 적어도 15세기까지 거슬러올라가야 한다).

'기원' 이전에는 다른 이야기들이 있고, 사건 이후에는 다른 사건들이 있다. 유럽인의 아메리카 식민화를 훨씬 더 간결하게 살펴보자. 우리는 이 과정을 촉발한 요인들—종교적 분쟁, 경제적 세력들, 이데올로기적 동기들—을 지목할 수 있지만, '단일한' 식민화 이야기를 만들어낼 때 우리가 전반적인 모형에 들어맞지 않을지도 모르는 개별 이야기(버넷 이야기 같은) 수천 개를 종합한다는 것을 반드시 의식해야 한다. 종합은 언제나 무언가를 침묵시키는 일을 포함한다. 제2장과 제3장에서 나는 2,000년에 걸친 역사서술을 종합했는데, 지면이 더 있다면 나의 간략한 서술이 훨씬 복잡한 이야기가 되리라는 것을 독자들은 의식해야 한다. 종합은 유용하고 불가피하다. 그럼에도 종합은 완전한 진실이 아니라 '진실한 이야기'다. 근래에 역사가들(그리고 주장하건대 사회 일반)은 종합을 통해 구성하는 '거대서사'를 의심하게 되었는데, 이런 이야기가 특정한 상황의 복잡성을 도외시하는 경향이 있기 때문이다. 오늘날 우리는 예전보다 이런 거대서사의 의미에 덜 설득된다. 19세기 말에는 역사를 '진보' 이야기로, 19세기 사회가 '진보'의 정점이나 그 근처에 있는 이야기로 보곤 했다. 두 차례 세계대전과 군비 경쟁, 부유층과 빈곤층의 분열 심화, 인간의 개입에 저항하는 질병, 세계의 화학적 오염 등을 겪고 난 20세기 말에는 '진보'에 대한 신념이 약해졌다. 이 말은 정반대―세계가 손 쓸 수 없을 만큼 쇠락하고 있다는 또다른 '거대서사'―가 참이라는 뜻이 아니라, 우리가 당면한 문제들과 씨름하는 가운데 거창한 이야기를 늘어놓는 사람들을 의심하고 진실한 이야기의 세부에 더 주목하게 되었다는 뜻이다.

'결과'도 기원 못지않게 복잡하다. 아메리카 식민화의 결과를 몇 가지 꼽아보면 수많은 아메리카 원주민의 죽음, 노예제의 발달과 지속, 아주 오랜 기간에 걸쳐 진행된 영국의 경제적 쇠퇴의 시작, 통치와 정치에 관한 새로운 이념의 정립, 냉전, 우주 개발 경쟁, 오늘날 우리가 살아가는 다민족 사회 등이 있을 것이다. 필그림 파더스〔Pilgrim Fathers: 1620년 메이플라워호를 타고 영국에서 뉴잉글랜드로 이주한 청교도들〕가 이런 결과를 상상했다고 그 누가 말할 수 있겠는가? 그리고 누가 감히 이런 결과에 밑줄을 긋고 "이야기는 여기서 끝난다"라고 말할 수 있겠는가? 실제로 이야기는 결코 끝나지 않는다. 이야기는 다른 이야기로 이어지고 천리 대양을 가로지르는 여정은 천리 대륙을 가로지르는 여정으로 이어지며, 이런 이야기들의 의미와 해석은 무수히 많다. '기원'은 그저 우리가 이야기를 시작하기로 선택하는 곳으로, 우리가 말하려는 이야기의 종류에 영향을 끼친다(그리고 그 종류의 영향을 받는다). '결과'는 우리가 지쳐서 이야기를 끝내는 곳이다.

어떤 사건을 일으키는 '원인들'이 무엇인지 결정하려는 역사가는 여러 이론에 의존하고 다양한 입장으로 물러날 수 있다. 대다수 역사가는 지극히 단순한 사건을 빼면 모든 사건의 원인이 복수라는 데 동의할 것이다. 그런데 그런 원인들 때문에 발생하는 사건이 다시 다른 사건의 원인이 된다. 역사가는 이처럼 복잡한 사건의 연쇄를 바탕으로 패턴을 만들려 한다. 때로는 '중요한' 인물 이야기처럼 아주 단순한 패턴을 만들고, 때로는 이데올로기와 경제, 문화의 아주 복잡한 패턴을 만든다. 우리가 발견하는 과거의 패턴이 있다는 것은 의심할 나위가 없지만, 그런 패턴이 얼마만큼 이미 존재하고 있던 패턴이고 얼마만큼 역사가가 그려낸 패턴인지는 불분명하다(이 문제는 마지막 장에서 더 논할 것이다). 과거 사람들은 인생살이가 어떻게 돌아간다는 그들 나름의 패턴을 가지고 있었으며, 때로는 그 패턴을 의식했고 때로는 의식하지 못했다. 그러나 이런 패턴—가족, 젠더, 정치질서—은 국지적이고 특수한 패턴이기도 했다. 이런 패턴에서 의미를 이끌어내는 역사가는 자신이 생각하기에 중요한 것이 무엇인지 선택하는 것이다.

우리는 역사가들이 마치 저마다 자기 부족—정치적 부족이든 사회적 부족이든 문화적 부족이든—의 예복을 차려입은 것처럼 깔끔하게 편을 나눈 모양새로 영국 내전에 서로 다르게 접근하는 방식들을 검토했다. 물론 이것은 지나치게 단순화한 그림이다. 어떤 역사가든 다양한 설명 방식들에 관심을 보일 것이고, 사회적 설명 방식과 문화적 설명 방식을 둘 다 적용하는 편이, 또는 정치적 설명 방식과 경제적 설명 방식을 둘 다 살펴보는 편이 얼마간 유용하다고 생각할 것이다. 실제로 영국 내전을 '설명'하려는 역사가들은 이처럼 더 큰 이야기들을 조금씩 활용하고 싶을 것이다. 그럼에도 역사가들은 자기들끼리 편을 가른다. 설령 이런 구분을 다른 역사가들에게만 적용하고 자신이 어느 편에 속한다는 것은 인정하지 않으려 할지라도 말이다. 그러므로 영국 내전이나 다른 어떤 역사적 주제에 관한 역사가의 서술을 읽을 때는 그가 이런 '부족' 입장 가운데 하나를 선택하는 경향이 있음을 아는 것이 중요하다. 영국 내전에 관한 유일한 설명은 없으며 앞으로도 결코 없을 것이다. 그런 설명을 원하는 사람은 과거의 요점, 즉 과거가 **복잡하며** 따라서 신중하고 주의 깊게 탐구해야 한다는 점을 놓치는 셈이다. 모든 역사는 잠정적이며, 해소할 수 없는 복잡성에도 불구하고 무언가를 말하려는 시도다. 여기서 책임져야 하는 부담은 역사가 쪽에 있다. 역사가는 자신의 서술이 이야기를 말하는 **유일한** 방식이라고 주장해서는 결코 안 된다. 그러나 책임은 독자에게도 있다. 독자는 불완전하다는 이유로 역사를 무시하기보다 진실한 이야기일 수밖에 없는 역사와 관계를 맺어야 한다.

이 장 첫머리에서 버넷 이야기가 긴 여정의 한 걸음이 될 수 있다고 말했다. 그런데 어떤 천리 여정이든 한 걸음으로 시작하는 것과 꼭 마찬가지로, 그 여정은 한 걸음으로 **끝난다**. 버넷은 17세기 영국과 아메리카라는 맥락에서 매력적인 사례 연구를 제시한다. 버넷의 신앙과 환경은 그를 바다 건너편으로 데려갔다가 다시 고국으로 돌려보냈다. 설교사, 그것도 급진적인 청교도 설교사로서 버넷은 근대 초 세계에 존재한, 갈등과 긴장이 뒤섞인 문화적 혼란 상태에 의심할 나위 없이 이바지했다. 그러나 버넷은 신앙의 방향에도 불구하고 고국으로 돌아와 왕의 편에 섰다. 여기서 우리가 검토하지 않은 다른 수천 명—그리고 상세한 관련 증거가 남아 있지 않은 또다른 수천 명—의 삶을 버넷이 잠시 동안 대신할 수 있다면, 우리는 한 가지 생각으로 여정을 끝낼 수 있다. 바로 조지 버넷이 없었다면 내전이 일어나지 않았을 거라는 생각이다. 버넷이

'위대한 인물'이었기 때문이 아니라 바로 그렇지 않았기 때문이다. 버넷의 상반되는 결정들이 없었다면, 지극히 개인적인 방식으로 활동한 버넷이 등장하는 복잡한 이야기들에는 갈등이 없었을 것이다. 마르크스의 말마따나 역사는 자기네가 선택하지 못하는 환경에 속하는 사람들에 의해 만들어진다. 그러나 그들은 삶을 영위하는 공간인 그 환경에 **영향을 끼친다**. '환경', '역사', '사람들'은 서로 별개가 아니다. 이것들은 역사가가 역사에서 하나의 패턴을 이끌어내기를 기다리며 계속 동행한다. **내가** 선호하는 패턴은 의도하지 않은 결과라는 패턴이다. 다시 말해 전부는 아닐지라도 거의 모든 일은 특정한 목적을 달성하려 노력하지만 그 결과가 어떠할지 결코 전망하지 못하는 사람들이 낳는 결과라는 것이다. 사람들은 그들 자신의 현재와 연관된 환경 안에서 현재와 연관된 이유로 무언가를 한다. 그렇지만 그들의 활동은 물결을 일으키고, 그 물결은 그들의 현재 너머로 퍼져나가 다른 수많은 인생이 일으킨 물결들과 상호작용한다. 어딘가에서, 이처럼 서로 부딪히는 물결들에 의해 형성되는 패턴 안에서, 역사는 생겨난다.

제 6 장

고양이 죽이기, 또는 과거는 낯선 나라인가?

고양이 죽이기에는 **역사**가 있다. 다시 말해 고양이 죽이기는 시간이 흐르면서 변해온 활동이며, 따라서 결혼과 종교 활동, 먹기, 항해, 대량학살, 고기잡이, 복장 도착, 냄새 맡기, 성 행위처럼 역사가가 기술하고 분석할 수 있는 활동이다. 고양이 죽이기의 아주 간략한 역사는 이러할 것이다. 고대 이집트에서 고양이는 숭배와 공경의 대상이었고, 그런 이유로 주인이 죽고 나면 그의 곁을 지키도록 무덤 안에 봉해진 탓에 질식사했다. 중세 전기(400~1000년) 유럽에서 고양이는 훨씬 덜 존중받았고, 대부분 굶주림 같은 이유로 자연사했다. 중세 후기(1000~1450년)에 스펙트럼의 반대쪽 끝으로 밀려난 고양이는 악마와 결부되었다. 고양이의 항문에 입을 맞추는 행동은 카타리파와 그외의 이단자들 사이에서 흔한 습관으로 간주되었다. 또는 이단 박해자들이 적어도 그렇게 단언했다. 카타리파 일부는 악마와 고양이의 연관성까지 믿었다. 어떤 사람은 종교재판관 조프루아 다블리가 죽었을 때 검은 고양이들이 그의 관 위에 나타났으며 이 일은 악마가 소생했음을 가리킨다고 주장했다. 이처럼 중세에는 고양이를 두려워했기 때문에 고양이는 이를테면 날아오는 돌에 맞아서 죽곤 했다. 17세기경 고양이의 대중적 이미지는 더 나빠져 있었다. 그 무렵 고양이는 마녀의 시종으로 간주되었고 따라서 그 주인과 함께 처형당했다. 18세기 프랑스에서는 고양이 죽이기를 무척 재미있는 일로 생각한 견습공들과 여타 사람들이 이따금 고양이 여러 마리를 학살하는 모의 의식을 거행하곤 했다. 계몽된 20세기를 살아가는 우리는 당연히 고양이를 죽이지 않는다. 고양이를 방치하거나 고양이에게 먹이를 너무 많이 먹여서 죽이는 경우, 또는 죽이는 것이 고양이에게 이로운 경우를 빼면 말이다.

지난 장에서 역사가들이 정치적 부족, 사회적 부족, 문화적 부족 등 다양한 부족에 속한다고 말했다. 아울러 역사가들 자신이 이런 딱지를 붙이고 받아들이긴 하지만(예컨대 그들은 학문적 직업을 알릴 때 이런 딱지를 사용한다) 이것이 확고불변한 경계선은 아니라는 것도 확인했다. 그렇지만 모든 역사가

18. 18세기의 고양이 죽이기(그리고 다른 동물들 학대하기). (호가스, 〈잔인성의 네 단계〉)

를 두 집단으로 나누는 핵심적인 차이가 하나 있다. 한 집단은 과거 사람들이 우리와 본질적으로 같았다고 믿는 반면, 다른 집단은 그들이 우리와 본질적으로 달랐다고 믿는다. 여러분은 지난 장들에서 살펴본 이런 구분을 기억할 것이다. 데이비드 흄은 모든 시대의 모든 '인간'이 거의 동일하다고 생각했고, L. P. 하틀리는 과거는 낯선 나라이며 그곳에서 사람들은 우리와 다르게 행동한다고 말했다. 우리 시대에 고양이의 죽음이 보통 유쾌한 일로 받아들여지지 않는다는 것을 감안하면, 고양이 죽이기에서 유머를 발견한 18세기 견습공들에 대한 서술은 이런 이분법을 깊게 고찰하는 데 적합한 사례가 될 수 있다.

1730년대 말 파리에서 인쇄소 견습공으로 일한 니콜라 콩타의 (절반쯤 허구화한 서술이지만 일반적으로 신빙성이 있다고 평가받는) 자서전 내용에 역사가 로버트 단턴(Robert Darnton)이 '고양이 대학살'이라 이름 붙인 사건이 들어 있다. 문자 그대로 참이든 아니든, 콩타의 서술은 그가 동시대인들이 읽고 이해하리라 기대했던 이야기를 우리에게 보여준다고 단턴은 주장한다. 문헌은 '실제로 일어난 일' 너머의 '진실'을 보여줄 수 있다. 다시 말해 문헌은 사람들이 생각하는 **방식**, 그들이 자기네 문화에서 이용할 수 있는 이미지와 언어, 연상(聯想)을 실례를 들어 보여줄 수 있다.

콩타의 기술은 다음과 같다. 두 견습공 제롬(콩타의 허구적 자아)과 레베이예는 주인 자크 뱅상의 인쇄소에서 생활하고 일했다. 주인의 아내는 고양이를 아주 좋아했고 특히 그리스(la grise, 회색둥이)라는 고양이를 애지중지했다. 흉내내기의 명수였던 레베이예는 며칠 동안 밤마다 지붕에서 주인의 침실 창문 근처까지 기어가서는 고양이처럼 울어대 주인 부부를 잠 못 들게 했다. 결국 여주인은 자기가 아끼는 그리스를 해치지 않도록 주의하되 이 끔찍한 (상상 속) 고양이들을 없애라고 견습공들에게 명령했다. 견습공들은 주변에서 눈에 띄는 고양이를 모조리 죽이는 일에 나섰다. 그러나 맨 먼저 그리스를 죽인 뒤 그 사체를 숨겼다. 나머지 고양이들은 때려서 기절시킨 뒤 모의재판의 일환으로 사형을 선고하는 식으로 공공연히 학살했다. 견습공들은 고양이를 처형하기에 앞서 고해를 들어주는 시늉까지 했다! 그 자리에 나타난 여주인은 그들이 그리스를 죽였다고 확신했으나 입증하진 못했다. 뒤이어 주인이 나타나 일은 하지 않고 고양이 죽이기를 즐기고 있다며 질책했다. 주인 부부가 물러나자 견습공들은 웃고 또 웃었다. 콩타는 이렇게 쓴다. "인쇄공들은 웃는 법을 알고 있다. 그것이 그들의 유일한 일이다."

콩타는 고양이를 죽인 것이 주인에게 복수하는 방법이었다는 것, 인쇄소 견습공의 인생살이가 그리 행복하지 않았다는 것을 자신의 서사에서 분명히 밝힌다. 콩타는 고용주의 호사스러운 삶과 자신의 비참한 처지를 대비시킨다. 고양이를 애완동물로 기르는 행위(그리고 견습공보다 고양이를 더 보살피는 행위)는 부르주아인 주인의 방종을, 그리고 그의 삶과 인쇄공들의 삶의 격차를 강조하는 이미지로서 기능한다. 그러나 콩타의 서술은 대학살이나 웃음(견습공들은 피비린내 나는 행동을 끝낸 뒤에만 웃은 것이 아니라 그 행동을 하는 동안에도 웃었다)을 설명해주지 않는다. 단턴이 지적하듯이 이를 설명하려면 18세기 고양이의 다양한 상징적 의미를 검토해야 한다. 고양이는 여전히 마녀나 불운과 결부되어 있었다. 또한 고양이는 사회의 상류층과도 연결되었다. 애완동물로서 누린 호사만이 아니라 「장화 신은 고양이」 같은 민담을 통해서도 연결되었고, 어쩌면 타고나는 나태한 분위기 때문에 연결되었을 것이다. 고양이 괴롭히기는 방종하고 무질서한 의례의 일환으로서 유럽 문화의 몇몇 갈래에서 흔히 나타난 행동이었다. 그리고 고양이는 여성 및 성과 연관되었다. 프랑스어의 암코양이(la chatte)는 근대 영어의 '고양이(pussy)'와 마찬가지로 이중의 의미가 있다〔둘 다 고양이 외에 여성의 음부라는 뜻이 있다〕. 콩타의 고양이 대학살은 18세기 프랑스인에게는 이해할 만한 일이었으나 우리에게는 더이상 그렇지 않다. 콩타의 말대로라면 견습공들은 자기들 행동에 주인과 여주인이 보인 반응을 풍자하며 고양이 대학살을 여러 차례 무언극으로 재연했다. 그들의 웃음은—이 이야기는 고양이에 대한 이야기라기보다 유머에 대한 이야기이므로—근대 초에 조롱을 통해 반항했던 전통의 일부로, 폭동적인 행위를 유머와 연결하는 고리로 볼 수도 있다.

그렇다면 우리는 고양이를 특권과 연관짓고 고양이 죽이기를 반항과 연관짓는 '18세기 사고방식'을 상정할 수 있을지도 모른다. 또한 우리는 (단턴이 말하듯이) 모의재판에서 고양이를 학살하며 즐거워했던 '사고방식'을 18세기 후반 프랑스에서 일어난 사건들과 연결할 수 있을지도 모른다. 예를 들면 프랑스혁명기에 속하는 1792년 9월, 상퀼로트(sans-culotte, 문자 그대로는 '퀼로트(귀족이 입는 바지)를 입지 않은 사람'을 의미하지만 비유적으로는 '못 가진 사람'을 의미한다)들이 정식 재판도 없이 '반혁명' 죄수를 천 명 넘게 학살한 사건과 연결할 수 있을지도 모른다. 내 말은 고양이 죽이기가 사람 죽이기의 예행연습이었다는 뜻이 아니라, 사람들의 행동에 상징적인 패턴이 있을 수 있다는 뜻이다. 과거에는 오늘날과 다른 '사고방식'이 있었다는 관념에는 '시대정신', '문화적 의식', 특정 시대의 '망탈리테(mentalité, 심성)' 등 많은 딱지가 붙어 있다.

이 가운데 가장 널리 쓰이게 된 것은 마지막 술어다. 원래 망탈리테는 20세기 전반기에 프랑스 역사가 뤼시앵 페브르

(Lucien Febvre)가 친구 마르크 블로크(Marc Bloch)와 함께 '아날적' 접근이라 알려진 새로운 종류의 역사를 시작하며 사용한 표현이다('아날Annales'은 그들이 창간한 학술지 『경제사회사 연보Annales d'histoire economique et sociale』에서 유래한 말이다). 아날학파의 목적은 몇 가지가 있었다. 그중 하나는 역사 연구의 방향을 정치적 사건에서 경제와 사회, 문화의 문제로 돌리는 것이었다(이 목적 역시 투키디데스의 탑에서 탈출하는 결과를 낳았다). 다른 하나는 역사의 훨씬 광범한 진전─아날 학파가 말하는 '장기지속(longue durée)'─을 검토하고 과거에서 뿌리 깊은 흐름을 찾는 것이었다. 이 목적과 연관된 것이 기후 변화와 지리적 위치, 장기간의 경제적 변천을 역사적 인과관계에 대한 이해에 포함하려는 욕구였다. 이 기획은 페르낭 브로델(Fernand Braudel)의 『펠리페 2세 시대의 지중해와 지중해 세계La Méditerranée et le Monde méditerranéen a l'époque de Philippe II』에서 절정에 이르렀는데, 이 방대한 책에서 브로델은 지중해 세계라는 거대한 지리적 영역을 수세기에 걸쳐 논의하는 가운데 탐구의 초점을 왕과 통치기구에서 토지와 인간, 바다로 돌리려 시도한다. 아날 학파는 유럽 대륙에서 역사서술의 양상을 급격히 바꾸었지만, 영미 역사학계가 아날 학파의 더 광범한 목적들을 수용했는지는 덜 분명하다. 그러나 망탈리테 개념은 현대의 모든 역사가에게 지대한 영향을 끼쳤다.

망탈리테에 관한 사유는 정치사에 대한 '상식적' 접근법, 즉 왕과 고관, 통치자가 역사가와 동일하게 '합리적' 근거를 토대로 결정을 내린다고 가정한 접근법(따라서 왕이 '올바른' 결정을 내리지 못할 때 역사가가 왕을 '나쁘다'거나 '약하다'고 판결하는 접근법)에서 벗어나려는 방편으로서 등장했다. 그렇지만 망탈리테에 관한 사유는 역사가가 보기에 역사가와 동시대의 정상 기준에 그저 들어맞지 않는 사료 속 요소들을 설명하려는 시도이기도 했다. 예컨대 마르크 블로크는 '왕의 손대기' 현상—중세 군주들이 추정상의 능력으로 물리적 접촉을 통해 병을 치유한 현상—을 분석했다. 블로크는 이런 유의 행동이 진지한 통치 활동과 무관한, 폐기해도 그만인 역사적으로 진기한 현상이 아니라 왕의 권위의 필수적인 부분이었으며, 따라서 중세의 권력 개념이 오늘날 우리의 개념과 얼마나 **달랐는지** 환기시킨다고 주장했다. 에마뉘엘 르 루아 라뒤리(Emmanuel Le Roy Ladurie, 또다른 아날 역사가)는 제1장에서 살펴본 것과 비슷한 종교재판 기록을 이용해 농민들의 망탈리테를, 즉 그들의 마법에 대한 믿음, 의례, 우정, 가족, 성 등을 보여주었다. 이처럼 망탈리테는 과거가 현재와 현저히 다르다는 의식에서, 그리고 그 차이를 비웃기보다 분석할 방법을 찾으려는 시도에서 생겨난다.

아날 학파가 의존했고 그 이후 역사가들이 줄곧 활용해온 것은 다른 분과인 인류학의 통찰이었다. 사회와 문화에 관심을 기울이는 역사가들은 인류의 상호작용의 패턴에 관해, 사람들이 **말하지 않고서**(그리고 때로는 인지하지 못하고서) 어떤 행동을 하는 이유에 관해 생각할 방법을 필요로 한다. 다른 문화를 연구하고 분석하며 시간을 보낸 인류학자들은 의례, 사회적 공간의 배치, 성별 간의 행동 등을 논의하기 위한 언어를 역사가들에게 제시하는 등 그런 패턴과 이유를 생각하는 데 유용한 얼개를 제공했다. 망탈리테는 우리가 과거 시대에서 발견하는 가지각색의 가정과 관습, 의례를 압축하는 약칭이 되었다.

내가 넌지시 말했듯이 망탈리테라는 술어를 사용한다는 것은 과거 사람들을 오늘날 우리와 본질적으로 다른 존재로 본다는 것을 뜻한다. 이 통찰이 정확한지 여부와 무관하게, 뒤에서 이 문제로 돌아갈 것이다. 우선은 망탈리테 관념이 다른 두 가지 인지적 조작 또한 수반한다는 것, 다시 말해 인류 역사 전체를 기간들로 나누는 조작과 역사적 증거를 그것을 만든 사람이 결코 의도하지 않은 방식으로 읽는 조작을 수반한다는 것에 주의해야 한다.

앞에서 보았듯이, 난감할 만큼 기나긴 시간은 적어도 기독교 시대 이래로 아우구스티누스의 '인류의 여섯 시대'처럼 감당할 만한 부분들로 나뉘었다. 가장 흔한 구분법은 가장 폭넓게 고대, 중세, 근대로 나누는 방법이다(이 구분법은 고대 후기, 중세 전기 중기 후기, 근대 초기 등으로 다시 나눌 가능성도 함축한다). 명백하면서도 본질적인 점은 이런 구분이 인간의 산물이고 따라서 임의적이라는 것이다. '근대 초기'를 살아간 사람들은 그들 자신에게 딱지를 붙이지 않았을 것이고 **그럴 수 없었을** 것이다. 그들은 우리와 꼭 마찬가지로 '현재'를 살아가고 있었다. 그들은 '현재'가 어디로 향하고 있는지에 관해 우리와 다른 생각—세계의 종말과 신의 심판을 향해 가는 여정의 마지막 단계가 '현재'라는 생각—을 품고 있었을 테지만, 그럼에도 그것은 '현재'였다. 우리는 과거를 돌아보며 모래에 임의로 선을 그리고, 이 시대와 나머지 기간을 분리하고, 복잡다단한 2,000년 이상의 역사를 한결 소화하기 쉬운 조각들로 자른다. 큰 조각들은 이미 말했다. 바로 고대, 중세, 근대다. 그러나 우리가 곧잘 잊는 더 작은 조각들도 있다. 예컨대 100년과 10년 단위도 있다. '18세기'는 1700~1799년을 가리키는 간편한 표현이지만, 그럼에도 임의적인 구분이다. 근대 서양의 달력은 기껏해야 수백 년간 사용된 문화적으로 특수한 달력이다(예컨대 유대인이나 중국인의 달력은 연도가 동일하지 않다). 이를테면 '왕의 재위기'가 아닌 '세기'를 단위로 생각하는 방식은 지난 200여 년 동안만 흔하게 사용되었다. 펠로폰네소스 전쟁사를 쓸 때 투키디데스는 그리스 도시들마다 연도를 독특하게 정하고 달들의 이름마저 서로 다르게 붙였다는 사실 때문에 독자들에게 명확한 연대순을 제시하는 데 애를 먹었다. 투키디데스는 자신의 고유한 체계(전쟁을 여섯 단계로 나누고 1년을 다시 '겨울'과 '여름'으로 나누었다)를 고안해야 했던 반면에 우리는 유사한 방식으로 고안된 우리의 고유한 체계를 물려받았다.

그러나 모래에 그려진 이 선들은 더 넓은 함의를 갖게 된다. 예컨대 '18세기 사고방식'에 관해 말하고 싶을 때, 우리는 이 사고방식이 1799년 12월 31일 자정에 다른 무언가로 바뀌었다고 가정하지 않는다. 서구 사람들은 자기가 생각하기에 1960년대와 1970년대에 본질적이었거나 특수했던 무언가를 가리키기 위해 '60년대'와 '70년대'라는 표현을 사용한다. 그러나 이런 표현 역시 약칭일 뿐이다. 더욱이 최근 들어 근대사가들은 (일군의 문화적 관념과 가치를 의미하는) '60년대'가 **실제로** 대략 1964년부터 1974년까지라고 주장하기 시작했다. 이와 비슷하게 다른 역사가들은 '**장기 18세기**', 즉 어떤 이유에서인지 일반적으로 생각하는 100년 단위 이상으로 확장하는 세기를 논하곤 한다. 이처럼 시간을 기간들로 나누는 방법은 의심할 나위 없이 유용하고 어쩌면 불가피하겠지만, 그럼에도 주의할 필요가 있다. '60년대' 사람들 모두가 머리에 꽃을 꽂고 술이나 마약에 취하고 우드스톡 축제(1969년 미국 뉴욕 주 베델 평원에서 개최된 음악 축제]를 보러 갔던가? 그들 대다수라도 이런 일을 했던가? 그렇지 않았다면, 우리는 어째서 이런 생활양식, 이런 망탈리테를 1960년대의 '핵심' 이미지로 선택하는가?

근래에 대다수 선진국에서는 새로운 천년의 시작이라는 이유로 서기 2000년에 일어날 법한 재앙을 우려했다. 그중에는 신의 심판이 임박했다고 믿고 미국에서 집단으로 자살을 감행한 종교 집단 '천국의 문(Heaven's Gate)'처럼 극단적인 경우도 있었고, 컴퓨터 칩이 새로운 날짜를 처리하지 못할 것을 우려하는, 제법 합리적으로 보이는 경우도 있었다. 그렇지만 우리는 서기 1000년 이전에 살았던 사람들 또한 어느 정도 불안을 경험했다는 것을 상기할 수도 있을 것이다. 종말을 향해 인류 역사를 끌어당기는 신의 계획에 대한 믿음이 당시에 훨씬 더 굳건했음을 감안하면, 실제로는 오늘날보다 한층 불안해했을 것이다. 우리는 (마이크로칩 설계상의 결함이 있긴 하지만) '서기 2000년'이 근래 들어서야 세계 인구의 일부가 사용하게 된 임의적인 달력에 토대를 둔 인간의 발명품이라는 사실을 숙고할 수도 있다. 연도가 '99년'에서 '00년'으로 바뀔 때 우리가 우리 내면에서 변한다고 생각하는 것은 정확히 뭘까?

그렇다고 해서 임의적으로 시간을 기간들로 나누는 것이 인류의 삶 및 역사와 무관하다는 뜻은 아니다. 새천년의 날짜는 임의적이지만, 그 날짜는 사람들이 행동하는 방식에 엄연히 영향을 끼쳤다. 라디오와 텔레비전, 인터넷에서는 그 날짜에 대해 상세히 이야기했다. 그 날짜로 말미암아 누군가는 식량을 비축했는가 하면 누군가는 신을 찾았고, 누군가는 신앙을 잃었고, 누군가는 고주망태가 되었고, 누군가는 임신을 했다. 그 날짜는 우리 마음속에서 떠나지 않았다. 어쩌면 우리의 망탈리테의 일부일 것이다. 그러나 21세기 말의 사람들은 그 날짜에 개의치 않거나 적어도 우리와 똑같이 생각하진 않을 것이다. 이와 비슷하게 18세기 사람들은 적어도 특정한 주제들에 관해서는 우리와 다르게 생각했다(따라서 다르게 행동했다). 시대 구분─시간을 더 작은 단위들로 나누는 것─은 사유의 그릇된 패턴으로 우리를 유인할지도 모르지만, 어쩌면 과거를 바라보는 방법으로서 불가피할 수도 있고, 시간의 흐름 속에서 사람들이 어떻게 변하는지 포착하는 데 기여할 수도 있다.

상이한 사고방식들과 망탈리테들을 파악하려면 사료를 신중하게 이용해야 한다. 앞에서 시사했듯이, 그러기 위해서는 사료를 만든 이들이 결코 의도하지 않은 방식으로 사료를 읽어서 그들이 결코 고려하지 않은 의미를 드러내야 할지도 모른다. 현대 역사가들은 이런 읽기를 '결을 거슬러 읽기'라고 부르곤 한다. 여기서 '결'은 사료가 제시하고자 하는 방향과 논증을 뜻한다. 역사가가 특정한 사료를 읽기 위해 부득이 그 사료를 만든 이들과 다른 방식으로 사료를 이용한다는 것은 명백한 사실이다. 예를 들어 15세기 피렌체의 관리들이 카타스토(catasto)라는 방대한 조세 기록을 작성한 이유는 자기네 도시의 재무 행정을 위해서였다. 그렇지만 현대 역사가들은 이 방대한 사료의 정보를 컴퓨터 데이터베이스에 집어넣어 피렌체인들이 결코 발견할 수 없었던(발견할 의향도 시간도 없었던) 증거 속 패턴, 이를테면 결혼, 생활주기, 가족, 젠더, 분업 등의 패턴을 확인할 수 있었다.

그러나 문제가 더 심각한 사료들도 있다. 12세기 정치철학 저작인 솔즈베리의 존(John of Salisbury)의 『폴리크라티쿠스Policraticus』를 예로 들어보자. 『폴리크라티쿠스』는 군주정의 모형을 제시하기 위해 저술되었고, (조세 기록과 달리) 당대 사람들만이 아니라 후대 독자들까지 염두에 두었다. 그렇지만 역사가는 『폴리크라티쿠스』를 다른 방식으로 읽을 수 있다. 예컨대 솔즈베리의 존이 '신체'를 사회의 이미지로(왕을 머리로, 고관들을 심장으로, 농민들을 발 등으로) 사용한다는 데 주목해 그 상징이 중세 사회의 '자연적'이고 정적인 이미지를 제시하려 한다고 주장할 수도 있고, 그 상징을 중세 문화에서 빈번히 쓰인 다른 '신체' 이미지들과 연관지어서 중세의 망탈리테를 확인할 수도 있다. 솔즈베리의 존은 자신이 상징적인 신체에 관해 쓴다는 것을 '알지' 못했다. 그는 정치에 관해 쓴다고 생각했다. 그러나 역사가는 그의 텍스트에서 다른 의미를 발견할 수 있다. 우리는 여기서 논의를 잠시 멈추고 의심해봐야 하지 않을까? 훗날 어떤 주제넘은 학자가 우리의 편지, 우리의 일기, 우리의 이메일을 읽고서 우리가 글을 쓰면서 무엇을 드러내고 있는지 '알지' 못했다고 주장한다면, 우리 기분이 어떻겠는가?

(물론 이미 죽은 이후겠지만) 우리는 분개할 것이다. 그러나 우리가 좋아하든 싫어하든, 역사가가 관여를 하든 안 하든, 저자가 죽은 **이후**에 텍스트의 삶이 계속 변하고 달라진다는 데 유의해야 한다. 예를 들어 후대 저술가들은 『폴리크라티쿠스』에서 정치이론을 읽었고, 과거와 사뭇 다른 방식으로 이 책을 이용하고 새로운 의미를 이끌어냈다. 어느 시점에 이르러 이 책은 좋은 통치의 모형이 아니라 흥미롭지만 시대에 뒤진 과거의 저작이 되었고, 더 '근대적'인 사상가들이 더 나은 모형을 제시하는 데 이용되었다. 이처럼 텍스트의 의미가 변하는 과정은 학술서에 국한되지 않는다. 여러분은 미국 가수 브루스 스프링스틴의 노래 〈본 인 더 유에스에이Born in the USA〉를 들어봤을지도 모른다. 이 노래는 미국 군인들의 베트남 전쟁 후유증과 그들을 버린 사회에 대한 저항곡이었다. 그렇지만 레이건 행정부의 우파는 이 노래를 애국적 자긍심을 칭송

하는 노래로 재빨리 전용했다. 이런 식으로 **무언가**에 대한 글이나 노래, 말은 다른 무언가를 의미하게 될 수 있다. 저자가 완전히 의식하지 못하는 저자에 관한 무언가를 독자에게 말해줄 수도 있다. 이 책은 다른 어떤 책 못지않게 나의 무의식적인 편견을 드러낼 것이고, 어쩌면 내가 속한 세대의 편견까지 드러낼 것이다. 이 책에서 사용한 **특수한** 역사적 사례들을 나는 무슨 이유로 선택했을까? 분명 그것들이 흥미롭고 언급할 가치가 있다고 생각했기 때문이다. 그러나 그것들은 특수한 시기에 특수한 문화적 맥락에서 **내가** 선택한 사례다.

그러므로 사람들이 '무엇'을 생각했는지만이 아니라 **어떻게** 생각했는지까지 파악하고자 한다면, '결을 거슬러' 사료를 읽을 수 있어야 하고 또 그렇게 읽어야만 할 것이다. 문헌에서 발견되는 언어와 이미지, 상징은 지난 20년간 점점 더 역사가들의 관심사가 되었는데, 어느 정도는 문학이론가들이 역사 전문직에 끼친 영향 때문이었다. 예컨대 다른 시대, 다른 장소의 욕들을 비교해보면 문화의 흥미로운 변화를 볼 수 있다. 중세에는 '개'나 '염소'라 불렸고, 근대 초에는 '화냥년'이나 '무뢰한'이라 불릴 공산이 더 컸다. 중세의 표현은 시골이라는 배경과 동물의 상징에서 유래했고, 근대의 표현은 성적·사회적 행위에 대한 생각에서 유래했다. 그런데 여기서 또다른 문제, 이번에도 언어 문제가 제기된다. 진실한 이야기를 쓸 때, 역사가는 현대의 독자를 위해 과거의 망탈리테를 어떻게 번역하는가? 여러분은 사료(따라서 과거)를 설명하기 위해 죽은 이들의 어휘와 살아 있는 이들의 어휘 가운데 무엇을 사용하는가?

  죽은 이들의 어휘는 까다로울 수 있다. 때때로 그들의 어휘는 우리의 어휘와 같거나 비슷하면서도 그 의미가 다르다. 예를 들어 'farm(농장)'은 중세인에게 지대(地代)나 조세를 의미했고, 근대 초에 'lewd(외설적인)'는 정중함의 결핍이 아니라 학식의 결핍을 뜻했다. 후대 역사가들이 1980년대를 돌이켜 보며 당시 다양한 대상들이 정반대 뜻으로 'bad'나 'wicked'라고 묘사되었음을 발견할 때도 비슷한 문제에 부딪힐 것이다. 콩타의 견습공들은 주인을 가리켜 '부르주아'라고 말했지만, 이 표현은 우리에게 더 익숙한 카를 마르크스의 용법와 같지 않다.

  더욱이 무언가를 '과거 사람들이 이해했을 대로' 기술한다는 것의 실제 의미는 사건을 **특수한** 사람들이 이해했던 대로, 또는 이해시키고자 했던 대로 기술한다는 것이다. 1381년 잉글랜드 농민 반란을 기록한 중세의 연대기 편자들은 '짐승'처럼 행동하는 이들이 일으킨 어리석은 반란이라고 썼지만, 반란자들은 사태를 다르게 보았다(그들은 잉글랜드의 선한 신민답게 행동하며 왕에게 호소하고 있다고 생각했다). 이와 유사하게 프랑스혁명 당대의 영국 기록자들은 혹여 영국해협 건너편에서도 '폭도'가 봉기할까 두려워 상퀼로트들의 야만적인 모습을 묘사했다. 그러나 이번에도 혁명가들은 자유와 평등과 박애를 위해 싸우고 있다고 생각했다.

역사가는 과거 언어의 뉘앙스―이를테면 시공간이 변하면서 'right' 같은 까다로운 낱말의 초점과 의미가 변해온 과정―를 의식할 필요가 있지만 오래된 어휘의 노예가 되어서는 안 된다. '민주정(democracy)'은 고대 아테나이에서 탄생했거나 우리가 그렇게 믿고 싶어하는 정체다. 그러나 고대의 어떤 역사가도 아테나이의 통치를 21세기의 대의제 정치와 동일시하지 않았을 것이다. 미국 헌법을 제정한 이들은 보편적이고 '당연한'("우리는 이런 진리가 자명하다고 믿는다……") '권리(rights)'에 대해 말하면서도 여성이나 빈민이 투표해야 한다고 믿지 않았고 노예를 소유했다. 그들은 철저한 위선자였던 것이 아니라, 일정 부분 시대의 산물이자 그들의 세계에서 그들이 당연하게 여겼던 것의 산물이었다. 그렇지만 자기에게 사적으로 이로운 것―이를테면 노예제―이라면 당연하게 여기기가 한결 쉬운 법이다. 실제로 18세기 미국인 전부가 노예제를 지지한 것은 아니었으며, 일부 정치적 급진론자들은 이 관행을 맹렬히 비판했다. 그 당시의 어휘 또한 **특수한** 집단들의 어휘였고 따라서 권력 투쟁과 연관되어 있었다.

살아 있는 이들의 언어 역시 문제를 일으킨다. 과거를 기술하기 위해 현대의 딱지를 사용할 경우 자칫 시대착오를 범할 위험이 있으며, 특히 근래에 고안되었으면서도 시대와 문화를 막론하고 보편적으로 적용할 수 있다고 주장하는 개념을 사용할 경우 그렇다. 특수한 시민층이 특수한 관리를 선출했다는 이유로 르네상스 시대 이탈리아의 도시국가를 '민주적'이라 기술하는 것은 '올바르다'와 '정당하다'—역시 골치 아픈 낱말들이다—의 아주 현대적인 함의를 멀리 떨어진 상황에 적용하는 것이다. 가장 잘 운영되는 사회에 대한 나름의 모형을 가지고 있던 당대인들은 '공동선'과 '좋은 통치'를 말했을 것이다. 다른 낱말들은 훨씬 더 까다로울 수 있다. 우리는 '사랑에 빠지다'라고 들으면 별똥별, 영혼의 동반자, 마주치는 눈빛, 두근대는 심장 같은 이미지를 떠올릴 것이다. 이런 '사랑' 관념은 19세기의 발명품이다. 그 이전에도 사람들은 '사랑'을 했지만, 사랑이 무엇을 수반하고 의미하는가에 대해 그들은 우리와 다르게 생각했다. 예를 들어 그들의 사랑은 두 개인의 관계를 덜 수반했고, 결혼을 통해 가문들이 어떻게 결합될 것인지를 더 의식했다. 이 말은 과거 사람들에게 감정이 없었다는 뜻이 아니라, 우리의 감정을 그들에게 대입하기보다 **그들의** 감정을 허용하자는 뜻이다.

물론 당대인들은 절반밖에 보지 못했던 어떤 과정이나 국가를 압축하는 특정한 낱말들을 과거에 적용하는 것이 역사가들에게 명백히 유용할 때도 있다. 그렇지만 이 경우에도 역사가들이 어떤 술어를 만든 이유를 잊은 채로 반복해서 사용하다가, 그 술어가 무비판적으로 당연하게 받아들이는 무언가로 굳어질 위험이 있다. 특히 역사적 시대와 사건이 이렇게 굳어지기 십상이다. 예를 들어 익숙하게 사용하는 술어라는 이유로 '르네상스'와 '계몽주의'에 거짓 일관성과 견고함을 덧붙일 수 있다. 심지어 '영국 내전'처럼 무미건조한 표현마저 문제를 일으킨다. 일부 역사가들은 '반란'이나 '혁명' 같은 다른 술어가 더 낫다고 주장한다(그리고 이런 술어로 다른 무언가를 말한다). 그리고 어쨌거나 영국 내전은 단 한 차례의 전쟁이 아니라 일련의 충돌이었다. 17세기가 지나는 동안 영국 내전이 적어도 세 차례 일어났다. 또다른 까다로운 낱말로는 '봉건제'가 있는데, 이 술어는 사람들이 토지 보유와 그에 따른 의무의 결합으로 묶여 있던 중세의 사회적 위계구조를 가리킨다. 이 낱말은 훨씬 후대에 만들어낸 술어로, 다양한 이들이 주장해왔듯이 중세에 나타난 토지에 따른 의무, 품삯, 관습, 법의 온갖 불가해하고 이질적인 결합들을 못 보게 가린다. 그럼에도 봉건제는 계속 쓰이는데, 그저 유용한 약칭이기 때문일 것이다.

이제 망탈리테 관념으로, 즉 한 시대의 문화에서 중요한 무언가를 나타내는 약칭, 사람들의 생각과 행동에 문화가 영향을 끼치는 방식을 나타내는 약칭으로 돌아가자. 앞에서 역사가들을 나누는 한 가지 기준은 과거 사람들이 우리와 본질적으로 같다고 믿는가 본질적으로 다르다고 믿는가라고 말했다. 더 나아가 이렇게 물어볼 수도 있을 것이다. 망탈리테 같은 술어를 사용할 때, 역사가는 특정한 시대 사람들의 생각에 통일적인 패턴이 있다고 생각하는가? 이를테면 16세기 사람들은 우리와 그저 다른 것이 아니라 **똑같은 방식으로** 다르다고 생각하는가? '16세기 사고방식'이나 '16세기 망탈리테'를 말한다는 것은 '16세기다움'의 본질, 역사가가 확인할 수 있는 어떤 핵심이 있다고 말하는 것일 수 있다. 그런 무언가가 있다면, 더 나아가 이렇게 물어볼 수도 있다. 과거 사람들이 우리와 그토록 다르다면, 역사가는 대체 그들을 어떻게 이해할 수 있는가?

시간이 흐르며 변하긴 하지만 역사를 통틀어 모든 인간이 경험하고 따라서 우리를 연결해주는 것들, 이를테면 출생과 성행위, 죽음 같은 것들이 있다는 주장이 줄곧 제기되었다. (사실 이런 노선을 따라 모든 인간은 피로와 두통, 소화불량을 경험한다고 주장할 수도 있을 테지만, 우리는 극적이거나 철학적으로 보이지 않는다는 이유로 이것들을 무시할 것이다.) 인류의 이런 핵심적 순간들을 바탕으로 과거 사람들의 삶을 진정으로 이해할 수 있다는 주장, 그들의 머릿속으로 걸어들어가 그들의 생각을 다시 한번 생각할 수 있다는 주장이 제기되고 있다.

이 주장의 문제는 세 순간 중 두 순간을 우리가 **경험**하지 않는다는 것, 적어도 다른 사람에게 보고할 수 있는 방식으로는 경험하지 않는다는 것이다(태어나거나 죽는 느낌이 어떤지를 설득력 있게 묘사하는 말을 나는 들어본 적이 없다). 우리가 아는 것은 태어나고 죽는 순간을 목격했거나, 그런 순간에 있는 사람과 소통한 다른 사람들의 경험이다. 그런데 이런 경험은 시간이 흐르면서 변하므로 여기에도 역사가 있다. 출산을 예로 들어 말하면 여성이 임신하는 방식, 임신 과정을 이해하는 방식, 출산을 돕는 사람들, 출산을 둘러싼 의례, 신생아를 다루는 방식 등이 시간과 공간에 따라 변해왔다. 고대의 몇몇 견해에 따르면 수태에서는 남성의 씨가 핵심이고 여성은 그릇일 뿐이었다. 중세의 의사 몇몇은 여성도 '씨'를 제공한다고 생각했고, 몇몇은 아이를 배려면 여성이 성교 중에 절정에 이르러야 한다고 믿었다. 그러나 19세기 무렵의 남자들은 어째서인지 여자들이 절정에 도달할 수 있음을 잊어버렸다. 중세에도 간혹 제왕절개 분만을 했지만, 그렇게 태어난 아기는 '여자가 낳지 않은' 셈이었으므로 악마의 자식이라는 함의가 있었다. 반면에 오늘날 서구 사회에서는 제왕절개 분만이 아주 흔하다. 과거 사람들은 신생아가 생존할 만큼 강한지 보려고 일부러 하룻밤 동안 밖에 혼자 두기도 했다(아이가 오래 살지 못할 거라면 먹여 살릴 식구를 늘리고 싶지 않았기 때문이다). 반면에 근래에는 자녀를 한 시간 남짓 혼자 두었다는 이유로 부모가 체포되는 일까지 있었다.

죽음—죽음과 관련한 다른 사람들의 경험과 이해—역시 엄청나게 변해왔다. 기독교 이전 시대의 전사들은 가급적 영웅처럼 싸우다가 젊은 나이에 한순간에 죽기를 바랐다. 이와 달리 기독교도 기사들은 미래가 어떠할지 이해하고 현세에서 선행을 하고 영혼을 돌보기 위해 장수하다 죽기를 바랐다. 어떤 이들은 장례의 일환으로 인육을 먹는 것을 적절하고 영예로운 행동으로 여겼다. 또 어떤 이들은 같은 인간 수백만 명을 수용소에 가두고 체계적으로 죽이는 것을 합리적인 행동으로 여겼다. 이들의 적들은 수십만 명을 한순간에 죽일 정도로 강력한 폭탄을 투하하는 것을 좋은 생각으로 간주했다. 죽은 이들 중 일부는 자기 영혼이 육체를 바꾸어 새로 태어날 거라고 생각했고, 다른 일부는 현세 너머의 세상에서 살아갈 거라고 생각했다. 죽음은 최종 마침표이므로 죽고 나면 아무 일도 일어나지 않는다고 생각한 이들도 있었다.

여기서 요점은 모든 시대의 모든 사람이 태어나고 죽지만 이 과정에 대한 생각이 사람마다 천차만별이라서 역사가가 어떤 '본질'을 포착하기 어렵다는 것이다. 성행위(어쨌거나 자의든 타의든 모든 사람이 경험하진 않는다)는 더욱 혼란스럽다.

어느 시대에나 나이와 성별, 피부색, 자세, 목표, 지속시간을 고려해 어떤 성행위가 바람직하고 가능하고 허용할 만하고 존중할 만하다는 고유한 생각이 있어왔기 때문이다.

오늘날을 살아가는 모든 사람도 마찬가지다. 분명 우리는 선호와 편견이라는 면에서 집단을 이루는 경향이 있으며, 우리 개개인의 상상력은 그리 대단하지 않을 것이다. 그러나 우리라는 집단은 다양하고 복잡하고 유별나기도 하다. 이 장의 첫머리에서 20세기 사람인 우리는 고양이를 죽이지 않고 이 일을 재미있게 여기지 않는다고 말했다. 일반적으로 보아 이 말은 물론 참이다. 그렇지만 이야기의 전모는 아니다. 나는 고양이 죽이기를 목격한 적이 없지만, 이 일이 현실에서 일어났다는 의심이 생길 만큼 미국에서 십대들이 재미있다는 이유로 불꽃놀이를 이용해 고양이를 괴롭힌다는 글을 많이 읽었다. 망탈리테의 문제—어쩌면 문제이자 해결책—는 과거 사람들이 우리와 다른 것만큼이나 **우리가 서로** 다르다는 것이다. 특정한 시점에 그들—그리고 우리—은 상이한 행위 패턴들을 중심으로 응집하며, 역사가는 분명 그런 패턴들을 찾아낼 수 있다. 그러나 그들은 우리와 완전히 같지도 않고 완전히 다르지도 않다. 역사가들이 할 수 있는 일 가운데 하나는 과거와 현재의 같음과 다름을 고찰하도록 돕고, 과거를 응시해 현재를 새롭게 보도록 돕는 일일 것이다.

그렇다면 우리가 생각하는 역사의 **쓸모**는 무엇이고 우리가 구태여 역사를 알아야 하는 이유는 무엇이냐는 의문이 제기된다. 다음 장에서는 진실과 해석에 관해, 그리고 역사가 중요한 이유에 관해 조금 더 생각해볼 것이다.

제 7 장

진실 말하기

1851년 5월 28일 아침, 애크런(Akron)의 붐비는 교회에서 열린 오하이오 여성 권리 집회에서 한때 노예였던 소저너 트루스(Sojourner Truth)라는 여성이 자리에서 일어나 연설을 했다. 소저너 트루스의 연설에 대한 기록은 두 가지가 있다. (지면 제약상 조금 편집한) 첫번째 기록은 이렇다.

내가 몇 마디 해도 될까요? …… 나는 여성의 권리입니다. 나는 어떤 남성 못지않게 근력이 세고 어떤 남성 못지않게 일할 수 있습니다. 나는 땅을 갈고 수확하고 겉껍질을 벗기고 도끼질을 하고 풀을 베었는데, 어떤 남성이 나를 앞설 수 있을까요? 나는 양성이 평등하다는 말을 많이 들었습니다. 나는 어떤 남성 못지않게 짐을 나를 수 있고, 먹을거리가 있기만 하면 남성만큼 먹을 수 있습니다. 나는 지금 어떤 남성 못지않게 힘이 셉니다. 지성에 대해 말하자면, 내가 말할 수 있는 거라곤 여성의 지성이 1파인트라면 남성의 지성이 1쿼트라는 겁니다. 어째서 여성은 그 작은 파인트마저 채울 수 없을까요? 여러분은 우리가 너무 많이 가져갈까 두려워 우리에게 권리 주기를 두려워할 필요가 없습니다. 우리는 파인트에 담기는 양 이상을 가져갈 수 없으니까요. 가난한 남성들은 모두 혼란에 빠진 것처럼 보이고 무얼 해야 할지 모릅니다. …… 나는 성경을 듣고 이브로 말미암아 남성이 죄를 지었다고 배웠습니다. 한 여성이 세상을 뒤엎었다면, 세상을 다시 바로잡을 기회를 그녀에게 주세요. 그 여성은 예수님에 관해, 어째서 예수님이 결코 그녀를 쫓아버리지 않았고 그녀가 옳았는지에 관해 말했습니다. …… 게다가 예수님이 어떻게 세상에 나왔나요? 그분을 창조하신 하느님과 그분을 낳은 여성을 통해서죠. 남성 여러분, 여러분의 역할은 뭔가요? …… 그러나 남성은 궁지에 몰린 처지로, 가난한 노예가 그에게 맞서고 여성도 갈수록 맞서고 있으니 그는 분명 매와 독수리 사이에 끼어 있습니다.

(역시 편집한) 두번째 기록은 아래와 같다.

여러분, 야단법석인 곳에는 정상이 아닌 뭔가가 있는 게 틀림없어요. 내 생각에 남부의 흑인들과 북부의 여성들이 모두 권리에 대해 이야기하고 있으니 그 사이에 낀 백인 남성들은 머지않아 궁지에 몰리겠군요. …… 그래서 나는 여성이 아닌가요? 날 봐요! 내 팔을 보라구요! …… 나는 땅을 갈고 씨를 뿌리고 수확해서 곳간에 넣는 일을 해왔고 어떤 남성도 나를 앞서지 못했어요. 그래서 나는 여성이 아닌가요? 나는 남성만큼 일할 수 있었고, 먹을거리가 있을 때면 남성만큼 먹을 수 있었고, 채찍질도 남성만큼 견뎠어요. 그래서 나는 여성이 아닌가요? 나는 아이를 13명 낳았고, 그 아이들이 대부분 노예로 팔리는 걸 지켜봤고, 내가 어미의 비통한 마음으로 울부짖을 때 오직 예수님만이 들어주셨어요! 그래서 나는 여성이 아닌가요? 그들은 머리 안에 있는 이것에 대해 이야기합니다. 그들은 이걸 뭐라고 부르죠? ("지성", 청중이 속삭였다.) 바로 그거에요. 지성이 여성의 권리나 흑인의 권리와 무슨 관계가 있나요? 내 잔에는 1파인트도 담기지 않을 테고 여러분 잔에는 1쿼트가 담겨 있는데 여러분이 인색하게 절반 크기인 내 잔을 채우지 못하게 하진 않겠죠? …… 저기 검은 옷을 입은 작은 남자(목사—저자주)는 여성이 남성만큼 권리를 가질 수 없다고 말합니다. 그리스도가 여성이 아니었다는 이유로! 여러분의 **그리스도**는 어디서 왔나요? …… 하느님과 여성에게서! 남성은 그리스도와 아무 관계도 없었죠.

첫번째 글은 세일럼에서 발행된 신문 『반노예제 나팔Anti-Slavery Bugle』의 편집장이었던 백인 남성 매리어스 로빈슨(Marius Robinson)이 썼다. 로빈슨은 1851년 6월에 이 글을 여기에 게재했다. 두번째 글은 1863년 4월에 뉴욕의 『인디펜던트Independent』에 실렸다. 이 글은 백인 페미니스트 작가 프랜시스 데이나 게이지(Frances Dana Gage)가 썼다. 두 글은 트루스 연설의 청중을 서로 다르게 나타내기도 한다. 로빈슨(그리고 다른 사료들)은 여성의 권리 요구를 지지하고 정중하게 귀를 기울였던 사람들의 집회를 나타낸다. 게이지는 노예제와 인종 문제를 여성의 권리 요구와 결부시키지 않으려 했던 이들을 비롯해 젠체하는 남성들과 소심한 여성들로 이루어진 적대적인 군중을 이야기한다. 어떤 서술이 진실인가?

이전 장들에서 제기되어 질질 끌고 있는 다른 물음들도 있다. 역사가는 과거의 삶을 이해하고 거기에 다가갈 수 있는가? 역사가가 쓰는 이야기는 '**진실한 이야기**'인가? 역사의 핵심은 무엇인가? 나는 이 얇은 책이 끝나기 전에 이 물음들에 답할 수 있다고 생각한다. 그리고 앞 문단의 물음에 답하려 시도함으로써 이 물음들에도 답하기 시작할 수 있다고 생각한다.

소저너 트루스는 1797년경 뉴욕 얼스터 카운티에서 이저벨라 봄프리(Isabella Baumfree)로 태어났다. 트루스는 미국 독립혁명에서 활약한 대령이 소유했던 노예 부부의 딸이었다.

30세 무렵 트루스는 자유인이 되었지만 그녀의 자녀들은 여전히 노예 신세였다. 트루스는 신앙이 두터웠고 글을 몰랐으며 분명 강인한 사람이었다. 1843년에 울림 있는 이름(소저너 트루스는 '진실에 머무는 사람'이라는 뜻)으로 개명한 트루스는 노예제 철폐 운동과 미국 남북전쟁에 관여했고, 여성의 권리를 위해 싸웠다. 트루스의 파란만장한 일생은 그녀의 구술을 받아 적어 몇 가지 판본으로 출간한 자서전 『소저너 트루스의 이야기Narrative of Sojourner Truth』에서 확인할 수 있다. 트루스는 (미국 대통령 세 명을 만나는 등) 생전에 어느 정도 유명해졌고, 아프리카계 미국인의 저항과 페미니즘 운동의 상징이 되어왔으며, 지금은 주로 「나는 여성이 아닌가요?」 연설로 기억되고 있다.

19세기 노예들과 한때 노예였던 이들이 대체로 자기 일생을 직접 쓰거나 구술한 다른 글들도 있다. 그런 만큼 당시 흑인 미국인들의 망탈리테와 그들이 공유했던 생각과 언어 양식을 복원함으로써 트루스의 연설을 기록한 두 글 가운데 어느 쪽이 이 모형에 더 들어맞는지 결정할 수 있을 것이다. 이럴 경우 우리는 게이지의 글을 편들게 될 것이다. 방언으로 쓰였고(까막눈 흑인 여성이 첫번째 글처럼 영어를 정확하게 말했을 리 없다), 트루스가 '지성' 같은 추상적인 개념들에 익숙하지 않았음을 '진정으로' 보여주며, 미국 흑인들의 종교적 설교 전통

19. 소저너 트루스.

과 맞닿아 있는 구술 행위(「나는 여성이 아닌가요?」)의 시적 울림을 들려주기 때문이다.

그러나 개념으로서의 망탈리테의 문제는 자칫 모든 차이를 허물고 개개인의 복잡한 특질들을 어떤 시공간에서 '정상적'으로 통하는 **하나의** 그림으로 바꿀 수도 있다는 것이다. 게다가 이처럼 '정상'을 이루는 요소들은 보통 기록된 문서인 사료에서 이끌어낼 수밖에 없는데, 그런 사료 자체가 사람들이 어떻게 말하고 생각하고 행동했는지를 **나타낸** 것이다. 소저너 트루스의 전기를 쓴 역사가 넬 어빈 페인터(Nell Irvin Painter)는 트루스가 자기 말이 방언으로 보도되는 것을 대체로 좋아하지 않았다고 말한다. 우리는 발음나는 대로 적은 글이 진실성을 나타낸다고 생각할지 모르지만, 트루스는 그렇게 표기하면 자기가 말할 수밖에 없었던 주장의 의미를 사람들이 경시할 거라고 생각했다. 우리가 예상하는 무식한 흑인 여성의 발언에 더 가깝다는 이유로 애크런 연설에 대한 두번째 글이 진실하다고 판결하는 것은 소저너 트루스 개인을 '흑인 여성다움'이라는 용광로에 집어넣고 녹여버리는 것과 같거니와, 그럴 때 우리는 그렇게 예상한 이유를 자문하지 못하게 된다. 내가 말하려는 바는 망탈리테를 더 미묘하고 섬세하게 복원하려 할 수 없다는 것이 아니라, **하나의** 사유 양식이 있다고 가정하는 위험이 여전히 남아 있다는 것이다. 망탈리테는 편차와 차이를 가릴 수도 있고, 투쟁과 분쟁의 존재를 숨길 수도 있다. 소저너 트루스는 바로 그런 투쟁에 뛰어들어 젠더와 인종에 대한 백인 남성들의 생각을 **바꾸고자** 했던 인물이다.

어떤 글이 진실한지 결정하는 한편 소저너 트루스를 역사적 행위자로 이해하려는 역사가는 1인 2역을 수행하는 사람처럼 보일 것이다. 한편으로 보면 역사가는 상상력을 발휘해 과거의 사건을 재현하는 사람이다. 이를테면 역사가는 "내가 그 교회에 있었다면 무슨 말을 들었을까? 그 말이 내게 어떤 의미였을까?"라고 자문한다. 다른 한편으로 보면 역사가는 사료들을 놓고 "너희 중에 누가 거짓말을 하고 있지?"라고 묻는 냉철한 탐정이다. 영미 역사가들은 이런 이분법을 예술로서의 역사와 과학으로서의 역사의 갈등으로 묘사하고 역사가 정확히 어느 진영에 속하는지 묻는 일을 즐겨왔다. 그러나 이것은 과거와 마찬가지로 지금도 어리석은 질문이며, 과학에는 상상력이나 통찰이 없고 예술에는 면밀한 관찰이나 방법론적 기술이 없는 것처럼 가장해서 과학과 예술의 성격을 고의로 곡해하는 질문이다. 또한 지식을 두 갈래로, 즉 의미와 인식에 근거를 두는 진리와 활기 없는 사실과 무미건조한 '실재'에 토대를 두는 진리로 양극화하는 질문이다. 달리 표현하면 이것은 역사적 지식이 (관찰자에 의존하는) 주관적 지식인지 (관찰자에 의존하지 않는) 객관적 지식인지를 묻는 아주 오래된 질문이다.

'탐정' 입장에 선다면 우리는 애크론 연설에 대한 첫번째 글이 진실하다고 판단할 것이다. 이 글은 연설 직후에 쓰인데다가 필자가 소저너 트루스를 잘 알았고 그녀의 언어를 이해했으므로 (페인터가 주장하듯이) 네 차례나 말한 아름다운 표현인 "나는 여성이 아닌가요?"를 놓쳤을 리 없기 때문이다. 로빈슨의 글은 이런 식으로 증거를 신중하게 분석하는 오늘날의 대다수 역사가들이 진실로 받아들이는 글이다.

그렇지만 (수세대에 걸쳐 저자들의 사랑을 듬뿍 받아온) 탐정 이미지의 역사가는 범죄 이야기의 마지막 장인 법정 장면을 말하지 않는다. 탐정이 어떤 서술이 옳고 어떤 서술이 그른지 결정하려 애쓴다 해도, 이야기는 배심원단이 평결을 내리고 나서야 끝이 난다. 진실과 거짓의 전투를 지켜보는 이들은 상충되는 이야기들의 **함의** 역시 결정해야 한다. 더욱이 실제 법정과 달리 역사에서는 한 사건을 여러 번 재판할 수 있다. 이것은 두 가지를 의미한다. 첫째, 어떤 '사실'과 '진실'도 의미와 해석과 판단이라는 맥락 외부에서 말할 수 없으므로 사실과 의미의 양극성은 옹호될 수 없다. 둘째, '진실'로 통하는 것 ('**진실한 이야기**'로 받아들여지는 것)은 다른 사람들의 절대적인 수용까진 아니더라도 일반적인 수용에 의존하므로 진실은 **합의**의 과정이다.

소저너 트루스의 연설에 대한 로빈슨의 서술이 게이지의 시적인 서술보다 더 정확할 공산이 크다. 그러나 게이지가 개작한 이야기는 트루스의 다른 무언가를, 그녀가 어떻게 행동했고 그녀를 알았던 이들에게 어떻게 인식되었는지를 포착하고 있는지도 모른다. 그렇지만 결국 **우리는 알지 못한다**. 역사가는 트루스가 연설한 교회에 참석했다고 상상할 수 있고, 최대한 근면하고 신중하게, 열린 마음으로 공감하며 사료를 검토할 수 있다. 그러나 역사가가 실제로 그 교회에 있을 수는 없다. 설령 그럴 수 있었다 해도, 역사가가 들은 트루스의 말이 다른 모든 청중이 들은 말과 정확히 일치하리라는 보장은 없다. 모든 탐정과 역사가가 알고 있듯이, 정확히 일치하는 글들은 보통 독자적인 기록이 아니라 공동 집필을 뜻한다. 로빈슨의 글과 게이지의 글은 트루스가 말한 내용 면에서 보면 대부분 일치하지만 화제의 순서와 사용한 낱말 면에서 보면 다르다. 따라서 지금 우리가 씨름하는 대상은 느낌과 의미라는 문제다.

'어떤 글이 진실한지' 결정하는 것은 한쪽의 글을 폐기물로, 버려질 무언가로 바꾸는 것이기도 하다. 그러나 「나는 여성이 아닌가요?」처럼 아름다운 무언가를 과연 버리고 싶을까? 내 말은 역사가들이 진실을 겨냥하지 말아야 한다는 뜻이 아니다. 적어도 **진실한** 이야기가 배심원단을 설득해 합의에 이르게 할 공산이 더 크기 때문이다. 나의 주장은 우리가 단 하나의 획일적인 진실을 찾는다면, 진실일 가능성이 있는 다른 목소리들과 다른 역사들을 침묵시킬지도 모른다는 것이다.

이건 그저 허황된 경고가 아닌데, 다른 역사적 이야기들을 침묵시키는 과정이 2,000년 넘는 세월 동안 줄곧 지배적인 과정이었기 때문이다. 투키디데스의 정치사의 탑은 다른 목소리들, 다른 과거들이 들리지 않도록 차단했다. (우리가 보았듯이) 이 탑에서 어느 정도 탈출하는 데 성공한 경우가 여러 차례 있긴 했다. 그러나 이 탑은 20세기 들어서야 무너졌고, 특히 지난 30년간 가장 완전하게 무너졌다. 정치사와 사건에 대한 서사는 오늘날 **다른** 진실한 이야기들, 어떤 시대와 공간과 문화에서도 절대다수를 차지하는 사람들에 대한 이야기들과 나란히 존중받고 있다. 사회사는 (언젠가 영국 역사가 G. M. 트리벨리언G. M. Trevelyan이 말했듯이) "정치를 제거한…… 역사"에서 생생하고 논쟁적이고 강력한 분야로 탈바꿈했다. 또한 사회사는 마르크스주의의 통찰, 인류학의 통찰, 사회학의 통찰, 아날 학파의 망탈리테를 결합해 과거 사람들의 일상생활에 대해, 그리고 그들의 삶이 결합해 '실제로 일어난 일'에 영향을 끼친 방식에 대해 이해한 바를 제시했다. 지금쯤이면 왕과 정치가, 통치자로 이루어진 소규모 엘리트 집단의 결정만큼이나 일반 대중의 행위도 '중대한' 사건과 관련이 있다는 것이 분명해졌을 것이다. 조지 버넷 같은 이들이 없었다면 아메리카는 식민화되지 않았을 것이다. 상퀼로트들이 없었다면 프랑스혁명은 일어나지 않았을 것이다. 소저너 트루스 같은 이들이 없었다면 노예제는 철폐되지 않았을 것이다.

사회사는 새로운 물음들을 낳기도 했다. 전후 시기에 페미니스트 역사가들은 '인류(mankind)'라는 낱말에 여성들이 만족스럽게 담기는지, 여성들에게 **고유한** 역사가 있다고 말할 수 있는지 묻기 시작했다. 중세와 근대 초의 여성들의 위치를 연구한 역사가들은 남성들의 진보적 서사와 사뭇 다른 투쟁 이야기를 들려주었다. 예컨대 14세기 말의 여성들은 15세기 말의 자매들보다 선택권과 자유, 경제적 독립을 십중팔구 더 많이 누렸다. 본래 '역사에서 가려진' 사람들의 목소리를 찾아내고자 했던 여성사는 근래 들어 양성의 관계, 시대에 따라 젠더가 사회에 순응하는 패턴, 이런 관계와 패턴이 삶과 정치의 다른 영역들에 영향을 끼치는 방식에 관한 새로운 물음들을 제기했다. 여성이면 '어떠해야' 하고 남성이면 '어떠해야' 한다는 생각은 시대에 따라 변해왔고, 엘리자베스 1세가 자신의 왕국을 통치한 방식부터 제1차세계대전에서 장교로 활동할 근육질의 기독교도 사내들을 영국 사립학교에서 훈련시킨 방식에 이르기까지 다른 행동 패턴들에도 영향을 끼쳤다.

흑인 역사가들, 특히 미국의 흑인 역사가들은 독자적으로 과거의 가려진 목소리들을 찾아냈고, 주인의 관점에서 본 노예의 행동뿐 아니라 흑인들(전부 노예였던 것은 아니다) 자신의 노래와 서술, 자서전까지 발견했다. 젠더와 마찬가지로 '인종'―사고방식과 시각으로서의 인종―도 조사를 위한 생산적인 범주가 되었다. 다시 말해 다른 사람들을 복종시킨 사람들이 자기네 행동을 어떻게 이해하고 정당화했는지, 그들 때문에 노예가 되거나 식민화를 당한 사람들이 그 경험에 어떻게 대처했는지를 이해하게 해주는 범주가 되었다. 이런 역사들은 전통적인 역사의 단조로운 목소리에 도전하고자 했는데, 다른 관점들과 다른 이야기들을 위한 공간을 마련하기 위해서만이 아니라, 역사가들이 얼마나 많은 것을 무심코 당연하게 받아들이는지를 일깨우기 위해서이기도 했다. 역사가들은 **모든** 것에 의문을 제기하는 능력을 자랑하는 경향이 있으므로 이런 도전이 제기된 것은 아주 다행스러운 일이다. 가장 최근 사례는 역사가들이 게이와 레즈비언의 역사를 조사한 것이다. 사람들의 시대별 성정체성과 성행위에 대한 조사는 과거에 동성애자들이 실제로 존재했음을 밝히는(일례로 중세 종교재판 기록에서 게이에 대한 심문을 발견할 수 있다) 중요한 연구일 뿐 아니라, '정상적'이고 '자연스러운' 것이 어떠하다는 현대의 많은 가정들에 대한 도전이기도 하다. 명백한 사례를 하나 들자면, 고대 그리스인들은 남성끼리의 성교와 남성과 여성의 성교를 양극단에 있는 정반대 행위로 여기지 않았던 것으로 보인다. 그들은 '동성애자'와 '이성애자'(아울러 '게이'와 '스트레이트') 같은 용어를 이해하지 못했을 것이다.

이제 다시 본론인 진실 문제로 돌아가자. 두 글 가운데 한쪽을 지지하기로 결정하는 것이 위험한 까닭은 '역사'를 단 하나의 진실한 이야기로 바꾸려 하기 때문이다. 이것은 '객관적' 또는 '과학적' 역사를 추구하는 이들의 논리이기도 하다. '객관적' 역사와 '과학적' 역사를 지향하더라도 이런 역사를 쓰는 것은 불가능하다. 두 역사 모두 (저마다 고유한 편견과 계급에 따른 이해관계, 성정치를 가진) 주관적인 역사가들이 사건에 대한 **자신의** 견해를 가능한 유일한 견해로 제시하려는 시도다. 그러나 단 하나의 진실한 이야기—대문자 'H'로 시작하는 역사(History)—라는 관념은 여전히 굉장히 매력적이고 따라서 굉장히 위험하다. 신문들은 매일같이 대문자 역사가 어떻게 정치인이나 사건을 심판할지 이야기하고, 정치인들은 '대문자 역사가 보여주는 것'을 근거로 외교 정책을 주장하며, 세계 곳곳에서 싸우는 파벌들은 '자기네 대문자 역사'를 토대로 살육을 정당화한다. 이런 대문자 역사는 인간을 배제하지만, 과거에 일어난 모든 사건과 오늘날 모종의 의도로 일으키는 모든 사건은 인간, 즉 인간의 선택과 판단과 행동과 관념에 의존한다. 과거의 진실한 이야기들에 '대문자 역사'라는 딱지를 붙이는 것은 그 이야기들이 인간들의 상호작용 및 영향과 별개로 진행되었다고 말하는 것과 같다.

그렇지만 이 말은 역사가들이 '진실'을 포기하고 그저 '이야기들'을 말하는 데 집중해야 한다는 뜻이 결코 아니다. 역사가들은 사료를 토대로 말할 수 있는 것을 고수하고 말할 수 없는 것을 인정해야 한다. 그들은 새로운 서술을 지어낼 수도 없고, 자기 서사에 들어맞지 않는 증거를 감출 수도 없다. 그러나 앞에서 보았듯이 이런 규칙을 지킨다 해도 과거가 남긴 수수께끼들이 전부 풀리는 것도 아니고, 사건들에 대한 단 하나의 복잡하지 않은 서술을 내놓을 수 있는 것도 아니다. 그렇지만 '진실'이 '대문자 진실'일 필요가 없다는 것, '진실'이 인간의 삶 및 행위와 무관하지 않다는 것을 인정한다면, 우리는 진실을, 더 정확히 말하면 저마다 복잡한 정도가 다른 **진실들**을 제시하려 노력할 수 있다. 이 기준에 조금이라도 미치지 못할 경우, 우리는 우리 자신의 기대는 물론 과거 목소리들의 기대 역시 저버리는 셈이다. 소저너 트루스의 이야기를 말하면서 우리는 로빈슨의 서술이 더 정확할 가능성이 큰 이유를 충분히 제시할 수 있다(우리가 이런 판단에 도달한 과정을 설명할 수 있다). 그러나 우리는 게이지의 서술 역시 말해야 하고, 트루스라는 비범한 여성이 의도했고 사람들이 받아들였던 말과 행동이라는 더 넓은 '진실' 안에 두 서술을 모두 집어넣어야 한다. 또한 우리가 알지도 못하고 알 수도 없는 것, 즉 시적인 연설로 청중을 사로잡았던 트루스의 마법, 기록할 수는 있으나 재현할 수는 없는 그 마법 역시 언급해야 한다. 망자들에게 침묵을 지킬 권리도 주어야 하는 것이다.

지금 내가 말하는 것은 복잡하지만 중요하기 때문에 주의 깊게 읽어야 한다. '대문자 진실'과 **단일한** 역사라는 관념을 포기한다고 해서 절대적 상대주의로, 다시 말해 사건에 대한 어떤 서술이든 다른 모든 서술과 똑같이 타당하게 받아들이는 입장으로 귀결되는 것은 아니다. 예를 들어 홀로코스트가 일어났음을 부인하는 사기꾼들과 이데올로그들에게 도움을 주는 것은 아니다. 나치가 600만 명 이상을 체계적으로 학살했음을 뒷받침하는 증거는 그야말로 압도적이다. 홀로코스트가 결코 일어나지 않았다고 주장하는 자는 과거의 목소리들을 모독하고 그 비뚤어진 주장에 반하는 증거를 감추는 것이다. 이 지적은 그나마 덜 우려스러운 다른 사례들에도 적용된다. '대문자 진실'을 포기한다고 해서 정확성과 세부에 주의하는 태도를 포기하는 것은 아니므로, 일례로 신세계의 식민화가 결코 일어나지 않았다는 주장 역시 옹호될 수 없다. 식민화의 대가로 엄청나게 많은 아메리카 원주민들이 때 이르게 죽었음을 부정하는 주장도 마찬가지다.

그렇지만 홀로코스트가 어떤 **의미**라는 주장은 조금 더 복잡하다. 올바르게도 우리는 아주 단호한 태도로 홀로코스트가 경천동지할 악행이었다는 데 의견을 같이하고 있다. 역사상 인간이 같은 인간에게 자행한 **가장** 사악한 행동이 홀로코스트였다고 판결해도 지나친 말은 아닐 것이다. 그러나 이 판결에 동의하더라도 우리 스스로 다른 질문들을 막지 않도록, 그래서 홀로코스트를 도덕뿐 아니라 탐구와 관련해서도 넘을 수 없는 장벽으로 바꾸지 않도록 주의해야 한다. 예를 들어 이 가증스러운 짓을 누가 저질렀는가라는 질문에 '아돌프 히틀러'라고 답한다면, 우리는 이 범죄에 적극적으로 가담했거나 소극적으로 힘을 보탰던 독일인, 오스트리아인, 프랑스인, 스위스인과 여타 사람들을 놓칠지도 모른다. 독일의 반유대주의만 검토한다면, 우리는 같은 시기 다른 나라들에 있었던 반유대주의적·파시즘적 요소들(일례로 제2차세계대전 이전에 오즈월드 모즐리Oswald Mosley가 이끈 영국의 파시스트들)을 감추는 꼴이 된다. 이 복잡한 사태를 탐구한다고 해서 독일 강제수용소에서 자행된 사건의 공포와 잔혹성이 줄어드는 것은 아니지만, 바라건대 (괴물이 아닌) 인간이 저지를 수 있었던 사건을 더 깊이 이해할 수는 있을 것이다. 요컨대 **우리 자신**을 더 깊이 이해할 수 있을 것이다.

그런데 역사가 그토록 복잡하고 그토록 **어렵고** 전적으로 확실하지 않은 것이라면, 어째서 역사를 탐구해야 하는가? 역사는 왜 중요한가? 오늘날에 필요한 교훈을 배우기 위해 역사를 탐구해야 한다는 주장이 이따금 제기된다. 내가 보기에 이 주장에는 문제가 있다. 이 주장의 의미가 역사(또는 대문자 역사)가 우리에게 교훈을 준다는 것이라면, 아직까지 나는 수업중에 그런 교훈에 주목하는 실례를 보지 못했다. 다 떠나서 이런 교훈(패턴, 구조, 필연적인 결과)이 존재한다면 우리는 그 교훈을 이용해 미래를 예측할 수 있을 것이다. 그러나 우리는 그럴 수 없으며 늘 그래왔듯이 미래는 지금도 불투명하고 흥미진진하다. 그렇지만 앞서 말한 주장의 의미가 과거가 우리에게 고찰할 교훈을 **이끌어낼** 기회를 준다는 것이라면, 설득력이 더 있어 보인다. 사람들이 과거에 한 일―나쁜 일이든 좋은 일이든―에 관한 사유는 소설과 영화, 텔레비전에 관한 연구와 마찬가지로 우리에게 고찰할 사례들을 제공한다. 그러나 과거의 사건들에 구체적인 패턴이 있고 그 패턴이 우리의 인생과 결정의 본보기가 될 수 있다고 상상하는 사람은 역사가 구현할 수 없는 확실성을 역사에 투영하는 것이다.

  이 책의 도입부에서 언급한 다른 주장은 기억이 개인에게 정체성을 제공하는 것과 마찬가지로 역사가 우리에게 정체성을 제공한다는 것이다. 이 주장은 일종의 현상으로서 분명히 참이다. 아일랜드 얼스터의 개신교도들부터 이누이트족에 이르기까지 다양한 집단들이 자기네 집단정체성의 근간을 이루는 과거의 사건에 대한 소유권을 주장한다. 그러나 이런 주장은 유럽에서 벌어지는 종족 집단 간의 유혈 충돌이 충분히 입증하듯이 위험하기도 하다. 우리는 정체성의 한 부분인 과거에 대한 소유권을 주장할 수 있지만, 과거에 갇히는 사람은 우리의 인간성 가운데 무언가를, 다른 선택을 내리고 우리 자신을 다른 관점에서 바라볼 수 있는 우리의 역량 가운데 무언가를 잃는 것이다.

역사가 인간의 조건에 대한 깊고도 근본적인 어떤 통찰을 보여줄 수 있다는 주장, 과거를 샅샅이 조사하면 우리의 삶과 이어지는 어떤 본질적인 가닥을 발견할 수 있다는 주장도 이따금 제기되었다. "그것이 실제로 어떠했는지만 말하라"라는 랑케의 발언은 "그것이 **본질적으로** 어떠했는지만 말하라"로 옮길 수 있을 것이다. 오랫동안 역사가들은 인간 본성, 신, 상황, 법률 등의 '본질'을 간파하는 책무를 맡아왔다. 그러나 오늘날 우리에게 '본질'이 무슨 쓸모가 있는가? 우리는 상이한 사람들과 시대들 사이에 어떤 '본질적' 연관이 있다고 믿고 있는가? 그렇게 믿고 있다면, 보편적 인권을 보여주고 체면과 희망을 고수하고 싶어하기 때문이다. 그리고 그렇게 해야 하기 때문이다. 그러나 이와 관련해 역사가는 별로 쓸모가 없고 또 쓸모가 없어야 한다. 오히려 역사가는 '자연법', '재산', '가족' 등과 마찬가지로 '인권' 역시 역사적 발명품(그럼에도 '실제적'인 발명품)임을 상기시킬 수 있다. '본질'은 우리를 곤경에 빠뜨릴 수 있다. 예컨대 '남성(man)'이라는 낱말로 언제나 '여성(woman)'까지 나타낼 수 있다고 믿거나, '인종들'마다 본질적인 특징이 있다고 생각하거나, **우리의** 정치와 통치 양식이 유일하게 정당한 행위 패턴이라고 상상할 때, 우리는 곤경에 빠지게 된다. 그러므로 역사가는 다른 책무, '본질'을 찾는 이들에게 그 행동이 야기할 대가를 상기시키는 책무를 떠맡을 수도 있다.

나는 역사를 탐구해야 하고 역사가 중요한 세 가지 대안적인 이유를 제시하고자 한다. 첫번째 이유는 그저 '즐거움'이다. 음악이나 미술, 영화, 식물학, 별에 관한 탐구에 즐거운 면이 있듯이 과거에 관한 탐구에도 즐거운 면이 있다. 우리 중 일부는 옛 문헌을 바라보고 옛 그림을 응시하고 오늘날과 다른 세계의 어떤 면을 확인하면서 즐거움을 느낀다. 나는 여러분이 이 얇은 입문서를 읽으면서 적어도 역사적 과거의 특정한 요소들을 즐겼기를, 길렘 드 로데, 로렌초 발라, 레오폴트 폰 랑케, 조지 버넷, 소저너 트루스를 만나 기뻐했기를 바란다.

이 이유는 두번째 이유로 이어진다. 바로 역사를 생각할 거리로 이용할 수 있다는 것이다. 역사를 탐구할 때 우리는 현재 맥락에서 벗어나 다른 세계를 탐험하기 마련이다. 그렇게 탐험하는 동안 우리는 우리 자신의 삶과 맥락을 더욱 의식하지 않을 수 없다. 우리는 과거 사람들이 얼마나 다르게 행동했는지 확인하는 가운데 우리는 어떻게 행동하는지, 어째서 지금처럼 생각하는지, 우리가 당연하게 여기거나 의존하는 것은 무엇인지를 생각할 기회를 얻는다. 역사 연구는 곧 우리 자신에 대한 연구인데, 규정하기 어려운 '인간 본성'이 지난 수세기 동안 굴절되었기 때문이 아니라 역사가 우리의 시야를 환하게 밝혀주기 때문이다. 과거를 방문하는 것은 낯선 나라를 방문하는 것과 비슷하다. 과거 사람들은 우리와 똑같이 행동하기도 하고 다르게 행동하기도 하지만, 무엇보다 우리의 '고국'을 더 많이 알게 해준다.

마지막 세번째 이유 역시 다른 두 가지 이유와 연결되어 있다. 우리 자신에 관해 다르게 생각하는 것, 우리가 개개인이 '되는' 과정을 알아가는 것은 다르게 행동할 가능성을 의식하는 것이기도 하다. 이 세번째 이유는 제1장에서 역사란 논쟁이며 논쟁은 변화를 위한 기회를 제공한다고 말한 내용을 상기시킨다. "이것이 유일한 행동 방침이다"라거나 "언제나 이런 식이었다"라는 독단적인 주장에 직면할 때, 우리는 역사에 의지해 언제나 **많은** 행동 방침들과 **많은** 방식들이 있었음을 지적해 이 주장을 반박할 수 있다. 역사는 이의를 제기할 수단을 제공한다.

이제 이 얇은 책을 끝내야 할 때다. 내가 소개를 했으니("독자, 이쪽은 역사야. 역사, 이쪽은 독자야") 이제 여러분이 역사를 계속 공부하기를 간절히 바란다.

미국 소설가 팀 오브라이언(Tim O'Brien)은 내가 감탄해 마지않는 작가다. 베트남전에 군인으로 참전했던 오브라이언의 글은 '진실한 전쟁 이야기'를 말하는 것이 가능하냐 불가능하냐는 문제, 그리고 그 이야기의 의미가 무엇이냐는 문제와 씨름한다. '진실한 전쟁 이야기'라는 표현에 담긴 역설의 엄청난 중요성을 오브라이언은 나보다 훨씬 잘 포착한다. 그러니 그에게 마지막 발언을 넘기겠다.

"그러나 이것 역시 진실하다. 이야기는 우리를 구원할 수 있다."

참고문헌

제1장

Douglas Adams, *Life, the Universe and Everything* (London, 1985)

Michael Clanchy, *From Memory to Written Record: England 1066-1307*, 2nd edition (Oxford, 1993)

Annette Pales-Gobilliard (ed.), *L'Inquisiteur Geoffroy d'Ablis et les Cathares du Comté de Foix (1308-1309)* (Paris, 1984)

제2장

Jean Bodin, *Method for the Easy Comprehension of History* (New York, 1966)

M. H. Crawford and C. R. Ligota (eds.) *Ancient History and the Antiquarian: Essays in Memory of Arnaldo Momigliano* (London, 1995)

Antonia Gransden, *Historical Writing in England C. 550 to the early sixteenth century*, 2 vols. (London, 1974)

Louis Green, 'Historical Interpretation in Fourteenth-Century Florentine Chronicles', *Journal of the History of Ideas* 28(1967)

Gerald A. Press, *The Development of the Idea of History in Antiquity* (New York, 1982)

Beatrice Reynolds, 'Shifting Currents in Historical Criticism', *Journal of the History of Ideas* 4(1953)

Richard Southern, 'Aspects of the European Tradition of Historical Writing' I-IV, *Transactions of the Royal Historical Society*, 5th series, 20-23(1970-1973)

William of Malmesbury, *Chronicle of the Kings of England* (London, 1866)

제3장

Stefan Berger, Mark Donovan and Kevin Passmore (eds.), *Writing National Histories: Western Europe since 1800* (London, 1999)

Peter Burke, *The Renaissance Sense of the Past* (London, 1969)

Edward Gibbon, *The History of the Decline and Fall of the Roman Empire* (London, 1910)

David Hume, *Enquiries Concerning Human Understanding and Concerning the Principles of Morals* (Oxford, 1975)

G. G. Iggers and J. Powell (eds.), *Leopold von Ranke and the Shaping of the Historical Discipline* (Syracuse, NY, 1990)

Donald R. Kelley, *Foundations of Modern Historical Scholarship: Language, Law and History in the French Renaissance* (New York, 1970)

Stan A. E. Mendyk, *Speculum Britanniae; Regional Study, Antiquarianism and Science in Britain to 1700* (Toronto, 1989)

Arnaldo Momigliano, *Studies in Historiography* (London, 1966)

Peter Hans Reill, *The German Enlightenment and the Rise of Historicism* (Berkeley, 1975)

The Works of Voltaire; a contemporary version, trans. W. F. Fleming (New York, 1927)

Leopold von Ranke, *The Secret of World History: Selected Writings on the Art and Science of History*, ed. R. Wines (New York, 1981)

Hayden White, *Tropics of Discourse: Essays in Cultural Criticism* (Baltimore, 1978)

제4장

Calendar of State Papers, Colonial Series 1574-1660, ed. W. Noel Sainsbury (London, 1860), vol. I.

Calendar of State Papers, Domestic Series, ed. John Bruce (London, 1858-93)

Great Yarmouth Assembly Book 1625-1642 [NRO, YC 19/6]

The Journal of John Winthrop 1630-1649, eds. R. S. Dunn, J. Savage and L. Yeandle (Cambridge, MA, 1996)

Letter of George Burdett to Archbishop Laud, December 1635 [PRO, CO1/8/88]

The New England historical and genealogical register, 1847-1994, New England Historic Genealogical Society (Boston, 1996) CD-ROM collection.

Richard Cust, 'Anti-Puritanism and Urban Politics: Charles I and Great Yarmouth', *Historical Journal* 35, 1 (1992), 1-26.

Jacques Rancière, *The Names of History* (New York, 1993)

Roger Thompson, *Mobility and Migration: East Anglian Founders of New England 1629-1640* (Cambridge, MA, 1994)

이 장에서 내가 이용할 수 있는 증거를 전부 다루지는 않았다. 여기서 논하기에는 지면이 부족하지만 버뎃에 관한 식민지의 자료와 그가 잉글랜드에서 겪은 법정 사건들에 관한 상세한 기술이 더 있다. 일례로 케임브리지 졸업생 명단에는 버뎃이 1671년 아일랜드에서 죽었다는 언급이 실려 있다.

제5장부터 제7장까지의 참고문헌은 '더 읽을거리'에 포함시켰다.

더 읽을거리

제1장

종교재판관과 카타리파에 관해서는 Malcolm Lambert, *The Cathars* (Oxford, 1999)나 Michael Costen, *The Cathars and the Albigensian Crusade* (Manchester, 1997)를 보라. 피레네 산맥의 삶을 더 상세히 알고 싶다면 Emmanuel Le Roy Ladurie, *Montaillou; Cathars and Catholics in a French Village 1294-1324* (London, 1980)를 보라. 간혹 연대 계산이 틀리긴 하지만 흥미롭고 재미있는 책이다. 역사가 누구를 '위해' 존재하는지 더 생각하려면 Keith Jenkins, *Re-Thinking History* (London, 1991)를 보라.

제2장

헤로도토스의 *The Histories* (Harmondsworth, 1954)와 투키디데스의 *History of the Peloponnesian War* (Harmondsworth, 1972) 가운데 한결 재미있는 쪽은 전자이지만 후자에는 독자를 매료시킬 수 있는 연설이 실려 있다. 역사학의 역사에 관한 상세한 서술로는 Denys Hay, *Annalists and Historians; Western Historiography from the VIIIth to the XVIIIth Century* (London, 1977); Beryl Smalley, *Historians in the Middle Ages* (London, 1974); Alain Schnapp, *The Discovery of the Past: the Origins of Archaeology* (London, 1993); Peter Burke, *The Renaissance Sense of the Past* (London, 1969)를 보라. Arnaldo

Momigliano, *The Classical Foundations of Modern Historiography* (Berkeley, 1990)는 고대 역사서술과 근대 역사서술의 관계를 읽기 쉽게 논증한 책이다. 중세와 르네상스 시대 역사가들을 접하려는 독자는 Richard Vaughan (ed.), *The Illustrated Chronicles of Matthew Paris* (Stroud, 1993); Jean Froissart, *Chronicles* (Harmondsworth, 1968); Niccolo Marchiavelli, *History of Florence* (New York, 1960)로 시작할 수 있을 것이다.

제3장

18세기 저자들—특히 기번과 볼테르—의 책은 여전히 즐거움을 준다. 제3장에서 다룬 발전과 맥락에 관해서는 Norman Hampson, *The Enlightenment* (London, 1968); Anthony Grafton, *The Footnote; a Curious History* (London, 1997); Roy Porter, *Edward Gibbon: Making History* (London, 1988); Peter Novick, *That Noble Dream: the 'Objectivity Question' and the American Historical Profession* (Cambridge, 1988)을 보라. 20세기에 역사서술에 접근한 방법들을 기술한 책으로는 Anna Green and Kathy Troup (eds.), *The Houses of History* (Manchester, 1999)를 보라.

제4장

Cust가 '참고문헌'에 수록한 글에서 간략하게 언급한 것을 빼면 이 제껏 아무도 버넷에 관해 상세히 쓰지 않았다. 당시 영국의 정치적 맥락을 알려면 John Morrill, *Revolt in the Provinces: the People of England and the Tragedies of War 1630-1648,* 2nd edition (London, 1999)을 참조하고, 더 일반적인 맥락을 알려면 Keith Wrightson, *English Society 1530-1680* (London, 1982)을 보라. 윈스럽과 아메리카에 관해서는 Richard Dunn, *Puritans and Yankees: the Winthrop Dynasty of New England 1630-1717* (Princeton, 1962)을 보라. 사료와 사료의 이용에 관한 다른 견해를 보려면 John Tosh, *The Pursuit of History,* 2nd edition (London, 1991), 특히 제2장과 제3장을 참조하라. 역사가들이 어떻게 작업하는지 확인하려면 Ludmilla Jordanova, *History in Practice* (London, 2000)도 참조하라. 그 이상의 **활동**이라면 가장 가까운 기록보관소를 방문해 사료를 살펴보는 것이리라!

제5장

이 장에서 언급한 해석들을 간략하고 명확하게 소개하는 책으로는 Ann Hughes, *The Causes of the English Civil War* (London, 1998)을 보고, 한 가지 관점을 상세히 논하는 책으로는 David Underdown, *Revel, Riot and Rebellion: Popular Politics and Culture in England 1603-1660* (Oxford, 1985)을 보라. 마르크스주의에 관해서는 카를 마르크스와 프리드리히 엥겔스의 흥미로운 저작 *The German Ideology,* ed. C. J. Arthur (London, 1974)와 Eric Hobsbawm, *On History* (London, 1998)에 실린 에세이를 보라. 역사학과 다른 분과들의 관계는 Peter Burke, *History and Social Theory* (Oxford, 1992)와 Adrian

Wilson, *Rethinking Social History: English Society 1570-1920 and its Interpretation* (Manchester, 1993)에서 논의되고, '거대서사'는 Robert F. Berkhofer, Jr., *Beyond the Great Story; History as Text and Discourse* (Cambridge, MA, 1995)에서 검토된다.

제6장

고양이 죽이기와 문화사의 다른 사유에 관해서는 Robert Darnton, *The Great Cat Massacre and Other Episodes in French Cultural History* (London, 1984)를 보라. 영향력 있는 '아날' 텍스트를 읽고 싶다면 March Bloch, *The Historian's Craft* (Manchester, 1953)에 도전해보라. 망탈리테에 관한 최근 저작으로는 Henri Martin, *Mentalités Médiévales XIe-XVe siècle* (Paris, 1996)이 있으며, 이 개념에 대한 비판은 Dominick LaCapra, *History and Criticism* (Ithaca, 1985)에서 찾을 수 있다.

제7장

소저너 트루스 관련 텍스트와 배경은 Nell Irvin Painter, *Sojourner Truth: a Life, a Symbol* (New York, 1996)에서 확인할 수 있다. 시대에 따라 성(性)이 어떻게 변해왔는지 다룬 책으로는 Thomas Laqueur, *Making Sex: Body and Gender from the Greeks to Freud* (Cambridge, MA, 1990)이 있으며, 이 책을 Helen King, *Hippocrates' Women: Reading the Female Body in Ancient Greece* (London, 1998)와 읽기

에 무척 즐거운 James Davidson, *Courtesans and Fishcakes: The Consuming Patterns of Classical Athens* (London, 1997)가 보완해준다. 역사에 관한 사유의 본보기로는 Michel Foucault, *Histoire de la sexualité, Tome1*(Paris, 1994)이 있다. 이 책은 앞에서 언급한 책들로부터 비판을 받았지만(동시에 영향을 끼쳤지만), 사뭇 다른 **의도**로, 즉 현재를 바꿀 기회를 주려는 의도로 쓰였다. 역사의 목적에 관한 다른 견해는 Gerda Lerner, *Why History Matters* (Oxford, 1998)에서 찾을 수 있고, 유익하게든 해롭게든 사회가 '대문자 역사'를 이용하는 방식에 관한 다양한 사유는 David Lowenthal, *The Heritage Crusade* (Cambridge, 1997)에서 찾을 수 있다. 마지막으로 본문 마지막에 인용한 구절의 출처는 Tim O'Brien, *The Things They Carried* (London, 1990)다.

역자 후기

 이 책은 영국 옥스퍼드대 출판부에서 펴내는 〈Very Short Introduction〉 시리즈의 역사 편이다. 역사 입문서라면 크게 보아 역사란 무엇이고 역사를 어떻게 탐구해야 하는지를 독자들에게 알려주어야 한다. 이것은 논쟁의 여지가 별로 없는 무난한 과제처럼 보일지 모르지만, 실은 E. H. 카가 일찍이 『역사란 무엇인가』에서 밝혔듯이 수많은 논쟁과 물음, 곤경, 함의를 수반하는 어려운 과제다. 무엇보다 '역사란 무엇인가?'라는 물음에 답하는 것부터가 난제다. 역사가들 자신이 이 물음에 한목소리로 답하지 않았고 도리어 이 물음을 둘러싸고 줄곧 격론을 벌여왔기 때문이다. 단일한 대문자 역사라는 한쪽 극단부터 역사란 픽션과 다를 바 없다는 반대쪽 극단 사이에서 역사가들은 다양한 방식으로 역사를 규정하고 탐구해왔다.

이 물음을 접하고 카의 유명한 답변, 즉 '역사란 현재와 과거의 대화다'를 기억해내는 독자들이 있을 것이다. 그렇지만 정확한 기억은 아니다. 이 물음에 대한 카의 답변은 "역사란 역사가와 그의 사실들의 지속적인 상호작용의 과정, 현재와 과거의 끊임없는 대화"라는 것이다. 다시 말해 현재에 속하는 역사가와 과거에 속하는 사실들의 상호작용이 역사라는 것이다. 그런데 역사가는 사회적 존재이고 과거의 사실 또한 사회적 사실이므로 이 대화는 "오늘의 사회와 어제의 사회 사이의 대화"이기도 하다.

그렇다면 이 책의 저자 존 H. 아널드는 이 물음에 어떻게 답하는가? 아널드는 역사란 '진실한 이야기'라고 말한다. 역사가 '진실한' 까닭은 "증거와 합치해야 하고 사실에 의존"하기 때문이며, '이야기'인 까닭은 "'사실'을 더 넓은 맥락이나 서사 속에 배치하는 **해석**"이기 때문이다. 카의 답변과 비슷하면서도 (사실이 아닌) 진실의 복수성(複數性)과 서사를 만들어내는 역사가의 역할을 조금 더 강조하는 답변이라고 할 수 있다.

이 답변이 시사하듯이, 아널드는 '과거'와 '역사' 사이에 본질적인 차이가 있다고 주장한다. 과거 자체는 역사가 아니다.

과거의 흔적을 전해주는 사료는 투명하고 순진한 사실이 아니라 특정한 환경에서 특정한 목표를 위해 특정한 독자를 염두에 두고 만들어진 것이다. "사료는 지나간 현실의 거울이 아니라 그 자체가 사건이다." 요컨대 과거는 진실하지 않다. 그리고 과거는 당연히 이야기가 아니다. 오늘날과 마찬가지로 과거는 그 전모를 파악하기 어려운, 혼란스럽고 복잡하고 어지러운 시공간이다. 이런 난장판에서 "패턴과 의미와 이야기를 발견하거나 만들어내는" 주체는 역사가다.

아널드의 이런 규정은 역사서술이 보편적 확실성을 결여하고 있다는 것, 다시 말해 누구나 동의하는 '단 하나의 진실한 이야기'가 없다는 것을 함축한다. 아널드는 이 점을 기꺼이 인정한다. 한편으로는 사료 자체에 내재하는 틈과 여백, 생략, 침묵 등으로 말미암아, 다른 한편으로는 시대와 사회의 산물인 역사가 자신의 관심사와 관념, 환경, 경험 등으로 말미암아, 모든 역사서술에는 "빈틈과 문제, 모순, 불확실한 부분"이 남게 되고, 역사가들은 저마다 '진실한 이야기'를 주장하며 서로 편을 가르게 된다.

그렇다 해도 이처럼 보편적 확실성을 결여한 것은 학문으로서의 역사학의 약점이 아닐까? 역사란 본질적으로 픽션과 다르지 않다고 주장하는 이들에게 역사학을 공격할 빌미를 주는 것은 아닐까? 아널드는 그렇지 않다고 말한다. 아널드에 따르면 의혹은 오히려 역사학의 존재조건이다. "과거에 빈틈과 문제가 없다면 과거를 완성하기 위해 역사가가 할 일이 없을 것"이기 때문이다. 더 나아가 "존재하는 증거가 언제나 꾸밈없고 진실하고 분명하게 말을 한다면 역사가만 할 일이 없는 것이 아니라 우리가 서로 논쟁할 기회도 없을 것이다. 역사는 다른 무엇보다 **논쟁**이다." 그러므로 역사는 결코 '단 하나의 진실한 이야기'일 수 없으며, 기껏해야 논쟁이자 과정이며 과거에 관한 '진실한 이야기들'로 이루어질 수 있을 뿐이다. 그렇다 해도 역사는 픽션과 구별된다. 픽션의 저자는 인물과 장소, 사건을 지어낼 수 있지만, 역사가는 결코 사실을 지어내지 않으며 언제나 증거에 얽매이기 때문이다.

물론 '역사란 무엇인가?'에 대한 답변과 그에 따른 탐구 방법은 정치사의 탑에 역사를 가둔 고대의 투키디데스부터 역사에서 신의 섭리를 상정한 중세의 신학, 철학적 역사를 저술한 계몽주의 사상가들과 실증적 역사를 주창한 랑케를 거쳐 역사학의 전문직화와 분화가 심화된 현대에 이르기까지 줄곧 변해왔다. '역사란 진실한 이야기'라는 아널드의 규정에 오늘날의 모든 역사가가 동의하는 것도 아니다. 아널드 역시 서문에서 이 책이 "특정한 접근법을 지지하는 논쟁적인 책"임을 인정한다. 독자들은 아널드의 견해를 받아들일 수도 거부할 수도 있다. 그렇더라도 이 책을 통해 역사 탐구의 즐거움을 느

끼고, 우리 자신을 더 깊이 이해하고, 변화의 가능성을 의식한다면, 그리하여 역사 공부를 계속하기로 마음먹는다면, 그것만으로도 입문서의 목적은 충분히 달성한 것이리라.

더 읽을거리

저자가 책 말미에 '참고문헌'과 '더 읽을거리'를 덧붙이긴 했으나 그중에 한국어로 번역되지 않은 책이 많다. 물론 번역본이 있더라도 관련 정보가 수록되어 있지 않다. 그래서 본문 내용과 관련이 있는 한국어 책들의 서지사항을 제공하고 책에 따라 간략한 소개를 덧붙이고자 한다.

제1장 역사 입문서로는 우선 앞에서 언급한 E. H. 카, 『역사란 무엇인가』(김택현 옮김, 까치글방)가 있다. 역사학의 근본적인 문제들을 고찰하는 여전히 유효한 책이다. 마크 길더러스, 『역사와 역사가들』(강유원·이재만 옮김, 이론과실천)은 고대부터 현대까지 서구의 역사적 사유를 개관하고 역사서술, 역사철학, 역사적 방법론의 주요한 쟁점과 문제를 소개한다. W. H. 월쉬, 『역사철학』(김정선 옮김, 서광사)은 이 책에서 다루지 않은 사변적 역사철학을 비롯해 역사철학 전반을 개관한다. 길렘 데장 피살 사건과 직접적인 관련은 없지만 중세와 근대 프랑스 남부의 농민문화를 다룬 책으로는 아날 학파 역사가 에마뉘엘 르 루아 라뒤리의 『몽타이유』(유희수 옮김, 길)와 『랑그도크의 농민들』(전2권, 김응종·조한경 옮김, 한

길사)이 있다. 작가 하틀리의 표현을 제목으로 채택한 데이비드 로웬덜, 『과거는 낯선 나라다』(김종원·한명숙 옮김, 개마고원)는 과거와 현재의 관계를 다양한 주제들을 통해 분석하는 방대한 저작이다.

제2장 헤로도토스의 『역사』와 투키디데스의 『펠로폰네소스 전쟁사』는 희랍어 원전 번역본이 있다(천병희 옮김, 숲). 투키디데스에 관한 해설서로는 도널드 케이건의 『펠로폰네소스 전쟁사』(허승일·박재욱 옮김, 까치글방)와 『투퀴디데스, 역사를 다시 쓰다』(박재욱 옮김, 한길사)를 참조하라. 아우구스티누스의 『신국론』(전3권, 성염 옮김, 분도출판사)은 방대한 분량의 기독교적 역사신학서다. 키케로의 『수사학』(안재원 옮김, 길)은 고대 그리스의 수사학 전통을 집대성한 저작이다. 존 H. 아널드가 "위대한 중세학자"라고 말한 리처드 서던의 저작으로는 『중세교회사』(이길상 옮김, 크리스챤다이제스트)가 번역되어 있다. 야코프 부르크하르트, 『이탈리아 르네상스의 문화』(이기숙 옮김, 한길사)는 르네상스사 연구의 고전이다. 종교개혁 관련 역사서로는 오언 채드윅, 『종교개혁사』(서요한 옮김, 크리스챤다이제스트)와 디아메이드 맥클로흐, 『종교개혁의 역사』(이은재·조상원 옮김, CLC)를 참조하라.

제3장 레오폴트 폰 랑케의 저작은 자서전이 포함된 『강대 세력들·정치대담·자서전』(이상신 옮김, 신서원)과 바이에른 국왕 막시밀리안 2세에게 행한 강의를 묶은 『근세사의 여러 시기들에 관하여』(이상신 옮김, 신서원)가 있다. 계몽주의와 관련해서는 데이비드 흄의 『오성에 관하여』, 『정념

에 관하여』, 『도덕에 관하여』(이준호 옮김, 서광사)와 마르퀴 드 콩도르세의 『인간 정신의 진보에 관한 역사적 개요』(장세룡 옮김, 책세상)를 참조하라. 에드워드 기번의 『로마제국 쇠망사』는 전6권의 완역본(민음사)과 번역가 이종인 씨가 직접 축약한 판본(책과함께)이 있다.

제4장 북아메리카의 식민화와 정착에 관해서는 앨런 브링클리의 『있는 그대로의 미국사』(전3권, 손세호 외 옮김, 휴머니스트) 중 제1권을 참조하라. 영국 내전에 관한 책으로는 나종일의 『영국의 역사』(전2권, 한울)와 주연종의 『영국 혁명과 올리버 크롬웰』(한국학술정보)을 참조하라.

제5장 카를로 긴즈부르그, 『치즈와 구더기』(김정하·유제분 옮김, 문학과지성사)는 16세기 이탈리아 프리울리 지역의 방앗간 주인 메노키오의 우주관을 미시사적으로 복원한다. 저자가 권하는 마르크스와 엥겔스의 『독일 이데올로기』는 아직 완역본이 없다. 그 대신 『공산당 선언』(강유원 옮김, 이론과실천)을 참조해도 좋을 것이다. 마르크스주의 역사가들 중에는 에릭 홉스봄, 『역사론』(강성호 옮김, 민음사)과 E. P. 톰슨, 『영국 노동계급의 형성』(전2권, 나종일 외 옮김, 창비)을 참조하라.

제6장 로버트 단턴의 책은 본문에서 언급한 『고양이 대학살』(조한욱 옮김, 문학과지성사)을 비롯해 여러 종이 번역되어 있다. 아날 학파의 창시자 뤼시앵 페브르의 저작으로는 제자 앙리 장 마르탱과 공저한 『책의 탄생』(강주헌·배영란 옮김, 돌베개)이 있고, 마르크 블로크의 저작으로는 『역사

를 위한 변명』(고봉만 옮김, 한길사)과 『봉건사회』(전2권, 한정숙 옮김, 한길사)가 있다. 페르낭 브로델의 저작 중에 저자가 언급한 대표작인 『펠리페 2세 시대의 지중해와 지중해 세계』는 아직 번역본이 없지만, 『물질문명과 자본주의』(전6권, 주경철 옮김, 까치글방)와 『지중해의 기억』(강주헌 옮김, 한길사)은 번역되어 있다.

제7장 소저너 트루스 관련 문헌은 번역된 것이 없다. 19세기 미국 노예의 생활에 관해서는 프레더릭 더글러스의 『미국 노예, 프레더릭 더글러스의 삶에 관한 이야기』(손세호 옮김, 지만지)와 해리엇 제이콥스의 『린다 브렌트 이야기』(이재희 옮김, 뿌리와이파리) 등과 같이 실제로 노예로 생활했던 흑인들의 자전적 서술을 참조할 만하다. 저자가 '더 읽을거리'에서 권한 책들 중에는 미셸 푸코, 『성의 역사』(전3권, 이규현 외 옮김, 나남출판)가 번역되어 있다.

도판 목록

1. **중세의 랑그도크** 017
   Heresy, Crusade and Inquisition © by W. L. Wakefield, 1974

2. **카타리파 이단자들과 싸우는 성 도미니쿠스** 024
   사진 © Museo del prado, Madrid. All rights reserved.

3. **인류의 여섯 시대** 041
   British Library의 허가를 받음. 서가 기호 Yates Thompson 31, f. 76

4. **운명의 수레바퀴** 042
   케임브리지 Fitzwilliam Museum 평의회의 허가를 받아 수록

5. **바이외 태피스트리** 045
   Museé de la Tapisserie, Bayuex
   사진: AKG London/Erich Lessing

6. **바르톨로메오 콜레오니 기마상** 055
   베네치아 성 조반니 파올로 광장
   사진: Archivi Alinari, 피렌체

7. **장 보댕** 056
   Bibliothéque Nationale, Paris
   사진: AKG London

8. **헤로도토스와 투키디데스** 060
   National Archaeological Museum
   사진: Archivi Alinari, 피렌체

9. **레오폴트 폰 랑케** 066
   Syracuse University 도서관

10. **올레 보름의 진귀품 진열실** 070
    British Library의 허가를 받음

11. 윌리엄 캠던 075
개인 소장품
사진: Courtauld Institute of Art

12. 캠던의 『브리타니아』에 실린 영국 지도 076
British Library의 허가를 받음, 서가 기호 577 f. 1

13. 볼테르 081
Hulton Getty

14. 에드워드 기번 086
사진 ⓒ The British Museum 소유

15. 야머스 의회 의사록의 일부 108
Norfolk Record Office, Y/C 19/6, f. 327r

16. 존 윈스롭 119
American Antiquarian Society 호의로 수록

17. 뒤집힌 세상 149
British Library의 허가를 받음, 서가 기호 TT E. 372(19)

18. 잔인성의 네 단계 160
The Pierpont Morgan Library
사진: Art Resource, 뉴욕

19. 소저너 트루스 191
National Portrait Gallery, Smithonian Institution

역사

HISTORY

1판 1쇄 발행 2015년 1월 30일
1판 2쇄 발행 2021년 1월 11일
2판 1쇄 발행 2025년 11월 6일

지은이 존 H. 아널드
옮긴이 이재만

편집 최연희 조현나 이고호
디자인 강혜림
저작권 박지영 형소진 주은수 오서영 조경은
마케팅 김다정 박재원
브랜딩 함유지 박민재 이송이 박다솔
　　　　조다현 김하연 이준희 복다은
제작 강신은 김동욱 이순호
제작처 한영문화사(인쇄) 한영제책사(제본)

펴낸곳 (주)교유당　**펴낸이** 신정민
출판등록 2019년 5월 24일
　　　　제406-2019-000052호
주소 10881 경기도 파주시 회동길 210
전자우편 gyoyudang@munhak.com
문의전화 031) 955-8891(마케팅)
　　　　031) 955-2680(편집)
　　　　031) 955-8855(팩스)
홈페이지 www.gyoyudang.com
페이스북 @gyoyubooks
트위터 @gyoyu_books **인스타그램** @gyoyu_books

ISBN 979-11-94523-95-6 03900

- 교유서가는 (주)교유당의 인문 브랜드입니다.
  이 책의 판권은 지은이와 (주)교유당에 있습니다.
  이 책 내용의 전부 또는 일부를 재사용하려면 반드시 양측의 서면 동의를 받아야 합니다.